高校生のための

主権者教育
実践ハンドブック

桑原敏典 編著

明治図書

まえがき

　本書には，ハンドブックという性格上，学校教育の中で主権者教育を無理なく展開するためのノウハウも含まれている。しかし，本書は，主権者教育を実践するためのコツを伝授することだけを目指したものではない。主権者教育の目的や役割についてその原理から検討し，それを学校教育の中で実施することの意義や教育課程上の位置づけを論じるなど，主権者教育の理論面についても，紙幅が許す限り掘り下げたつもりである。

　そして，模擬投票や模擬議会など，メディアで取り上げられることが多い主権者教育実践だけではなく，その目的に照らして必要と考えられる主権者教育を4つに類型化し，その類型に基づいて多様な実践例を紹介している。それらの実践のほとんどは，各執筆者が教育現場で実際に行ったものであり，有効性が実証されている。

　今回，第2章の執筆を依頼した方々は，主権者教育が注目される前から，社会科教育研究や公民教育の最前線で，政治参加を促す教育のあり方を研究されてきている。執筆者の中には，すでに主権者教育について多くの論稿を発表されている方もいらっしゃる。読者の方々も，執筆者の名前を様々な場面で目にしていることだろう。これらの方々の実践例をまとめてハンドブックを構成できたことは，何よりも幸いであった。

　現在，主権者教育についての過剰な注目もややおさまり，冷静にその展開を検討する時期がきていると言ってもよいだろう。本書が，そのための手掛かりとなり，今後の主権者教育研究の発展に寄与することができれば幸いである。

2017年3月　編著者

Contents

まえがき

1章 学校教育で主権者を育てる

1　主権者教育で育てる学力 …………………………………… 8
2　主権者教育と教科，道徳，
　　「総合的な学習の時間」，特別活動との関係 …………… 12
3　学校全体で取り組む主権者教育の年間指導計画 ……… 16
4　主権者教育をめぐる学校と地域社会の関係 …………… 20
5　諸外国における主権者教育の取り組み ………………… 24

2章 4つのSTEPで主権者を育てる！新授業プラン

主権者を育てる学習の4つのSTEP ……………………… 30

STEP1 　基本的な知識を活用しながら獲得する
1 　議会の役割を考える新授業プラン……………………………34
2 　選挙の意義について考える新授業プラン……………………40
3 　税のしくみについて考える新授業プラン……………………46
4 　憲法と国民の政治参加について考える新授業プラン………52

STEP2 　知識を活用し問題についての意思決定力を育てる
1 　身近な地域の問題を考える新授業プラン１…………………58
2 　身近な地域の問題を考える新授業プラン２…………………64
3 　国の政策課題を考える新授業プラン１………………………70
4 　国の政策課題を考える新授業プラン２………………………76
5 　国際社会の問題を考える新授業プラン………………………82

STEP3 　アクティブ・ラーニングで進める
1 　政党を選択する模擬選挙を行う新授業プラン………………88
2 　人を選択する模擬選挙を行う新授業プラン…………………94
3 　模擬請願を行う新授業プラン……………………………… 100
4 　模擬議会を行う新授業プラン……………………………… 106
5 　実際の選挙と連動させた活動を行う新授業プラン……… 112

STEP4 　社会との連携に基づいて取り組む
1 　選挙管理委員会との連携で行う新授業プラン…………… 118
2 　地域社会との連携で行う新授業プラン…………………… 124
3 　NPOや大学との連携で行う新授業プラン……………… 130

3章 必ず知っておきたい主権者教育実践のためのQ&A

1 題材となる政治的問題を選択する際の留意点は？………… 138
2 政治的中立性を確保するためのポイントは？……………… 139
3 話し合いの流れが偏ってきた場合の指導のポイントは？… 140
4 有権者となった生徒への投票に関する指導の留意点は？… 141
5 クラスに有権者と有権者でない生徒がいる場合の指導の
　ポイントは？………………………………………………… 142
6 高校生の政治活動に関する留意点は？……………………… 143
7 新聞や雑誌の記事を授業で使う場合の留意点は？………… 144
8 テレビ番組やインターネット上の動画を授業で使う場合の
　留意点は？…………………………………………………… 145
9 外部の団体と連携するためにはどうすればよいか？……… 146
10 議論を活発にするための指導のポイントは？……………… 147
11 模擬投票などの体験的学習の終結部はどうすればよいか？… 148
12 地域や家庭との連携をどのように築いていくか？………… 149

1章

学校教育で主権者を育てる

1 主権者教育で育てる学力

1 18歳選挙権時代の主権者教育の意義

　2015年に公職選挙法が改正され，選挙権年齢が18歳以上に引き下げられた。それと同時に，主権者教育が全国的に注目されるようになり，模擬投票や模擬議会など活動的な学習を含んだ実践が注目され，テレビや新聞などのメディアにも頻繁に取り上げられるようになった。このように主権者教育が盛り上がりを見せる一方で，それに対する冷めた見方があることも事実である。学校，特に高等学校の現場は授業時数が何とか確保できている状態で，とても主権者教育を行う時間などないとか，先生はたくさんの仕事を抱えて多忙を極めており，とても主権者教育まで担当する余裕はないという声も聞こえる。「いわゆる『○○教育』には，もううんざりしている。『○○教育』をやれという要請がおりてくるたびに，現場は混乱する」というのが，先生方の本音ではないだろうか。確かに，そのような面があることは否定できない。主権者教育が求められる背景には若者の低い投票率があり，実際にはそれだけではないのだが，投票率を上げることが主権者教育の目標の一つであることも間違いではないだろう。しかし，学校には低い投票率を改善するための教育を特別にする余裕はないとして主権者教育をはねつけていては，今，主権者教育が求められていることの本質を見誤りかねない。18歳以上に選挙権年齢が引き下げられたこと，特にこの18歳という年齢と主権者教育が必要とされる理由をあわせて考える必要がある。

　18歳以上に選挙権年齢が引き下げられたが，これは，十代の若者から政治参加を求める声が上がったことに応じて生じた変化ではなく，日本国憲法の

改正手続きに関する法律によって，18歳以上の日本国民が投票権を有するものとされたことにあわせてなされた改正である。18歳，19歳の若者にとってみれば，要求して手に入れたものではなく，ある意味，一方的に押し付けられたものと言えるかもしれない。そのため，新たに投票する権利を得た若者からは，「投票のための正しい決定をする自信がない」とか，「自分には正しい選択をするための能力がない」といった戸惑いの声が聞こえてきている。18歳は，投票する資質を十分に備えた年齢なのだろうか。私は，資質があるかどうかは，問題ではないと思う。年齢を積み重ねた大人であっても，皆が冷静で合理的な判断をできるとは限らないし，年を取った大人の方が若者よりも政治や世の中のことを理解しているわけでもない。逆に，年齢が若くても世の中のことをしっかりと捉えていて，感情を抑え社会全体のことを考えて判断できる人もいるだろう。投票とは，正しい答えを出すことではない。自分の意思を表明するものである。したがって，投票において大切なことは，誰かほかの人の影響や圧力によるのではなく，自分で主体的に判断した結果を示すことができることである。選挙権年齢が18歳以上に引き下げられたということは，18歳になれば，親を含む周りの大人や同年齢の友達の圧力や影響に屈することなく，自分の意思で決断をして票を投じることができると，社会が認めたということなのだ。このように考えると，自信がないとか，自分には能力がないのではないかと心配するのではなく，18歳になれば自分の判断に基づいて一人ひとりが堂々と票を投ずればよいのである。

　このように若者は遠慮することなく自分の権利をしっかりと行使すればよいのだが，18歳になったら自立した主体的な判断ができると決定した以上，社会には若者をそのようにしっかりと教育する責任が生じる。これまでは，18歳で高等学校を卒業しても，成人になって投票できるようになるまでには2年間の猶予があった。この2年間は，若者にとって，ある意味，それまで学校で学んだことを社会の中で活かしていくための訓練をする期間だったと思う。そのために，既に働き始めている方はもちろんのこと，そうではない人たちも，その期間に社会の中で様々な体験を積むのが一般的だった。その

期間がなくなり，18歳で投票できるようになるということは，高等学校卒業時に，そのような訓練を含めて完了しておかなければならないことを意味している。つまり，これまでは，高等学校卒業時までに社会で生きるための基盤をつくっておけばよかったのだが，18歳選挙権時代においては，基盤ではなく，そのときに既に，社会に出て実際に活躍できる資質を身に付けておかなければならないということなのである。今学んでいることや今教えていることは，きっと，いつかは役に立つという学び方，教え方ではなく，それらは社会に出て役立つ判断をするために必要だということを実感できる学習に学校教育が転換しなければならないということなのである。

　主権者教育は，投票率を上げるために，今の学校教育に何か特別なものを追加するというものではない。18歳選挙権時代の到来によって変化した学校の役割を踏まえて学習のあり方を見直し，まさに，今の社会で生きるための力を身に付けさせようとするものなのである。

2 学力観の転換と主権者教育で育てる学力

　18歳選挙権時代の主権者教育で育てる学力は，投票への意欲や関心にとどまらない。そうではなく，社会に出て市民として活躍することができるようになるための幅広い資質を育成するものとなる。このように考えると，主権者教育の要請は，近年大きく転換している学力観に関する議論の動向にそったものであることがわかる。

　石井英真氏は，内容ベースから資質・能力（コンピテンシー）ベースのカリキュラムへとシフトしている現在の教育改革の特質と課題を明らかにしている[1]。その中で，コンピテンシー・ベースのカリキュラムでは，現代社会が求める資質・能力を実質的に形成していくことが求められる一方で，そのような資質が拡大し，学校に際限のない期待がかけられることを問題点として指摘している。石井氏は，そのような資質は，理念として語るのではなく，現代社会や未来社会のあり方の議論を踏まえて，そこで語られる具体的な文

脈の中で明らかにしていくべきだと述べられているが，主権者教育で育成すべき学力も，同様である。主権者として何ができるようになればよいかを，学習者が生きる社会の文脈にそって考える必要がある。主権者はこうあるべきだという理想のもとに，学習者である高校生に何でも要求するのではなく，学ぶ側が今後出会う社会はどのようなものであるかを想像し，また，一方で学習者自身がどのような生き方を求め，どのような社会にしたいかにも配慮しながら，主権者としての資質を考えていく必要がある。

　また，新しい教育課程に関する議論の中で，アクティブ・ラーニングについての議論が盛んだ。アクティブ・ラーニングとは，「課題の発見・解決に向けて主体的・協同的に学ぶ」ことだが，そこでは，問題解決力，論理的思考力，コミュニケーションのための能力などを含む幅広い資質の育成が求められている。アクティブ・ラーニングが求められる背景には，従来の受動的な学習を，学習者自身が能動的・積極的に学ぶものへと転換するということがある[2]。主権者教育も，まさに同じ文脈の中に位置づけられる。自ら政治に参画しようとする意欲を育てるための教育が，学習者の興味や関心にかかわらず，一方的に選挙の意義や政治に関わることの重要性を教え込むものであってよいわけがない。主権者教育には，何よりもまず，学んだ高校生が，もっと社会に関わってみたい，政治に参加してみたいという意欲や関心をもてるようになることが求められる。したがって，学習も，アクティブ・ラーニングを取り入れたものとして構成されていくであろう。

　このように主権者教育の要請と現代の教育改革の議論は，同じ背景のもとでなされており，そのため目指すべき学力も一致していると言えるのである。

（桑原）

［注］
1）石井英真『今求められる学力と学びとは―コンピテンシー・ベースのカリキュラムの光と影―』日本標準，2015年．
2）西岡加名恵『「資質・能力」を育てるパフォーマンス評価　アクティブ・ラーニングをどう充実させるか』明治図書，2016年．

2 主権者教育と教科，道徳，「総合的な学習の時間」，特別活動との関係

1 学校における主権者教育の担い手

　主権者教育は，社会科系の教科，特に公民科が担うべきと思われがちであるが，決してそうではない。主権者教育は選挙のための教育であるという誤解が，主権者教育をそのような狭い意味のものにしている。しかし，主権者教育とはまさに主権者を育てる教育であり，子どもが主権者になることを支援するための教育である。そのため，学校のあらゆる教育活動がそれに関わることになろう。

　教科に関しても，社会科系の教科だけではなく，国語や数学といった教科にも主権者育成は求められるし，それ以外の総合的な学習の時間，特別活動，道徳なども主権者教育の担い手になり得るのである。ただ，問題は，そのように，総合や特別活動も含めたどのような教科も主権者教育を担っていることは確かであるが，そのことは，どのような教育活動も全て主権者教育とみなすことができるということではない。残念ながら，現在，教科の学習の多くは，主権者として求められる資質を育成するというよりは，試験や進学のためのものとなっている。総合や特別活動についても，本来のねらいが忘れ去られ，形式化してしまっている面があることは否定できない。学校のあらゆる教科が主権者教育の担い手となり得るが，そのことは，それらを主権者教育という視点から見直し，修正，改善していくことを意味しているのである。

2 2つの意味の主権者教育

　学校の教育活動における主権者教育の担い手を考える際には，主権者教育を狭義のものと広義のものに分けると整理がしやすい。狭義の主権者教育は，一般に主権者教育として捉えられているものであり，目前に迫った選挙に対して，どのような態度で臨むべきかを教育するものである。それに対して広義の主権者教育は，主権者として社会や政治に関わろうとする態度や意欲を育てようとするもので，必ずしも選挙そのものを扱うとは限らない。

　まず，狭義の主権者教育では，投票率の向上を目指して，学習者が投票への意欲をもち，実際に投票するように促すための教育が行われる。投票のしくみや手順，選挙の争点や立候補者の公約などが取り上げられる場合もあるし，模擬投票が行われるのもこの意味の主権者教育の場合が多い。この意味の主権者教育は，教育内容として選挙を取り上げる公民科や，「総合的な学習の時間」や特別活動など模擬投票のために時間を充てることができるものが関わることになる。それに対して広義の主権者教育では，目前に迫った選挙の投票率の向上ではなく，学習者が，将来に渡って長く社会や政治に関わり続けようとすることを大切にする。そのためには，自らが主権者であることの自覚を育てたり，そのために必要な社会とのつながりを実感させたりすることを目指す。また，主権者として思考したり，判断したりする力を育成することも重要である。そのような目標のために取り上げられる内容は様々である。生徒の身近な地域社会の問題が取り上げられることもあれば，生徒の将来にも関わる国政上の課題について議論することもある。あるいは，そのような社会的な話題とは全く異なるものをテーマとすることも考えられよう。この広義の主権者教育には，社会科系以外の教科や道徳など，学校のあらゆる教育活動が関わることができる。

　主権者育成を視点として教育活動を見直していく際には，狭義と広義のいずれの主権者教育を目指すかということを検討していく必要があると言える。

3 教科や道徳と主権者教育の関係

　教科の中でも，公民科が主権者教育の中心的な担い手となることは言うまでもない。しかし，先にも述べたように主権者育成には全ての教科が関係している。公民科については狭義の主権者教育をそこにどのように位置づけていくかということを，公民科以外の教科や道徳については，広義の主権者教育をその中でいかに展開していくかということの検討が必要とされる。

　公民科は選挙や政治を直接扱う教科であるが，現状では制度やしくみの学習が中心であり，実際に投票がどのように行われているかとか，選挙の際には何に留意すべきかといった現実的で実際的な内容はほとんど取り上げられることはない。このような内容は狭義の主権者教育に関わるものであるが，これらを公民科で行うべきかどうかは，その学校の主権者教育の目標をどこに定めるかによって判断すればよいことである。まず，投票に行くという気持ちを高めることが大切と考えるならば，選挙や政治の学習も，実際に投票するために必要な知識をどのように身に付けさせるかということに配慮しながら展開していく必要があろう。公民科の学習を法や政治といった社会諸科学に近づけるか，市民として現実の社会の中で求められる行動に近づけるかは，学校としての主権者教育の目標の考え方によって変わってくると言える。

　地理歴史科や，国語や数学といった他の教科については，広義の主権者教育をその中でどのように行っていくかという点での検討が必要となる。社会や政治に関わるためには，社会の成り立ちや人々の暮らしや文化についての認識も必要となる。また，論理的に思考，判断するための力や，他者と関わるためのコミュニケーションの能力，自分の考えを伝えるための表現力なども必要である。これらの知識や資質の育成には，様々な教科が関わっている。したがって，公民科以外の教科においては，それぞれの教科で主権者としてのどのような資質を育成し得るかを考えながら，主権者教育としての教科の目的や意義を問い直していく必要があろう。

行為の善悪の判断を含む道徳の学習は，従来は教科の学習とは一線を画するものと捉えられてきた。特に，社会科系の教科においては，価値的なものを取り込むことで偏った社会認識を形成することを避けるため，道徳との違いが強調されてきた。しかし，主権者育成という点から考えると，学習に価値判断が含まれることは避けられないし，むしろ，それを学習への意欲喚起のために積極的に活用し，生徒に行為の良い悪いの判断をさせる中で，社会や政治に対する認識を深めていくべきと考えた方がよいだろう[1]。道徳は，社会と個々人の行為との関係を考えさせる教育である。その意味で，道徳が主権者教育に果たすべき役割は大きい。小中学校においては，道徳を主権者育成という点からも捉えるべきであるし，高等学校においては，主権者育成を念頭に道徳的指導を行っていく必要がある。

4　「総合的な学習の時間」や特別活動と主権者教育の関係

　模擬投票などを含む狭義の主権者教育を位置づけやすいのは，教科よりもむしろ「総合的な学習の時間」や特別活動であろう。しかし，従来それらの学習の中で行われてきたことに，主権者教育に関わる内容を追加するのは難しいというのが現状ではなかろうか。しかしながら，主権者育成が喫緊の課題となっている今，形式化しつつあるこれらの教育活動の意味を見直し，従来の学習の必要性を点検して，主権者育成の視点から再構築していく必要がある。
　主権者育成のためには，生徒が実感を通して民主主義社会のあり方を学ぶことが必要である。特別活動は，まさに学校という小さな社会の中で他の生徒と関わりながら民主主義を学ぶことができる場であるし，「総合的な学習の時間」は，現実の社会との関わりの中で教科の学習の成果を活かしながら社会のあり方を学ぶことができる場である。教科とこれらの教育を関連づけ，主権者教育とし学校全体の教育課程を構築していくことが求められる。(桑原)

［注］1）拙稿「教科の道徳化と学校教育の課題―社会科における道徳的指導のあり方の検討を手がかりに―」日本教育方法学会『教育方法』44，図書文化，2015年，pp.38-52.

3 学校全体で取り組む主権者教育の年間指導計画

1 主権者教育の年間指導計画作成の方針

　主権者教育の年間指導計画を作成するにあたっては，模擬投票などをいつ，どこで無理なく実施するかといった狭義の主権者教育を中心に構想するのではなく，広義の主権者教育の考え方に基づいて，主権者として生徒に何ができるようになることを求めていくか，そのために学校の全ての教育活動をいかに関連づけていくかといった発想が必要とされる。

　全ての教育活動を，主権者教育を中心に取りまとめていくためには，学校全体の主権者教育としての目標を設定する必要があろう。次に，その目標のもとで，各教科や「総合的な学習の時間」，特別活動においてどのような主権者教育が展開可能であるかを考えていく必要がある。年間指導計画を考える上では，生徒に3年間でどのような資質を身に付けさせていくかを見通すことが重要である。そのためには，各教科，「総合的な学習の時間」，特別活動それぞれで行われる主権者教育の横のつながりを考えるだけではなく，3学年を通した縦のつながりも考えていかなければならない。このようにして，3年間の生徒の系統的体系的な学びを踏まえて主権者教育の年間指導計画を構想していけば，単発のイベントに終わりがちな主権者教育を，連続性継続性のあるものにしていけるだろう。

2 学校としての主権者教育の目標設定

　年間指導計画の作成に先立って，学校としての主権者教育の目標設定をす

る必要がある。その際に考慮すべきことは，下記の3点である。
①生徒の実態
②地域の特色や地域と学校との関係の実態
③現代社会の状況

　①の生徒の実態とは，生徒が社会のどのような事象や出来事にどの程度関心をもっているかということや，地域社会や地域の人々とどのようにつながっているかということである。主権者教育は，生徒自身が学習の目的を明確に意識し，主体的に取り組まなければ成立し得ない。そのためにも，生徒の関心から学習をスタートさせる必要がある。そこから生徒の関心を徐々に拡大し，生徒が社会に関わることや自ら政治に参画することの意義を理解し，それに基づいて行動できるように促していくことが求められるのである。また，地域社会や地域の人々とのつながりということについては，生徒が既に何らかのつながりをもっているならば，それを一つのきっかけとして主権者教育を構想していくことができよう。例えば，祭りなど地域の行事等で地域の人々と交流することができているとしたら，その行事をどのように継続し，盛り上げていくかを考えていくことが主権者としての自覚を形成することにつながっていくかもしれない。また，そこで交流している人たちとともに学ぶことができれば，学習の効果は一層増すであろう。

　②の地域の特色や地域と学校との関係の実態とは，生徒が暮らす地域が若者に対して何を期待し，学校に対して何を求めているかということである。近年，開かれた学校づくりが求められる中で，地域との関係は学校のあり方を考える上で一層重要となっている。子どもは将来もずっと地域で暮らすとは限らないが，将来どのような場所で生活するとしても，自分が暮らしている地域の人々との関係をつくり，地域社会に貢献することは主権者として必要なことである。主権者教育を展開する上では，地域の協力が欠かせないことから考えても，この点に考慮することは大切ではないか。

　③の現代社会の状況とは，地域を越えて国または国際社会が現在どのような状況であり，今後どのようになっていくかということを踏まえた目標設定

が必要であるということである。この点に関して言えば，今の状況を把握することも重要であるが，10年後，20年後の社会の状況を現在から推測することも求められる。なぜなら，生徒が今よりも深刻な選択を迫られるのは10年後，20年後，あるいはそれ以降の選挙の際であると考えられるからである。その頃，生徒は親の手を離れ，逆に親の世代を支える年齢になっている。生徒の世代が，まさに社会の中心的な担い手になっていると考えられるのである。そのときに，より間違いのない選択ができるようにしてやることが，今の選挙にどのように対応するかということよりも重要なことではなかろうか。

このような点に配慮しながら，学習指導要領等に示された国全体の教育の方針を踏まえて，教師が主体的に学校の主権者教育の目標を策定していくことが必要である。

3 年間指導計画作成のポイント

年間指導計画作成にあたっては，学校が定めた主権者教育の目標にそって，卒業時にどのような資質・能力を身に付けていればよいかということを考えながら，各学年でどのように展開していくかを構想していくことになる。

まずは，学校の定めた目標を踏まえて，1年生から3年生まで，各学年段階でどのような資質・能力を身に付けさせていくかを考える必要がある。それは，教科の目標と同様に，知識・理解，態度，技能などの多様な側面から考えていくべきであろう。この目標の系統性を考える上で重要なことは，卒業時に身に付けておくべき資質・能力を想定し，そのゴールに向かって各学年で何ができるかを考えていくということである。何か教えるべきものが先に定められているのではなく，目標を先に設定して，そこに向けて何ができるかを考えていくという発想が，主権者育成という視点には不可欠である。このことは学校の教育改善にも役立つ発想ではないだろうか。

学年ごとの目標が決まれば，その目標を達成するために，どのような場で何に取り組んでいけばよいかを考えることになる。公民科を中心とする各教

科や,「総合的な学習の時間」,特別活動において,その学年の主権者教育の目標を達成するために何ができるかアイディアを出していくところから始めることになろう。アイディアが出てきたら,それらを関連づけて,目標を踏まえつつ取捨選択を行い,残ったプログラムを1年間のスケジュールの中にどのように配置していくかを考えていくことになる。例えば,地域課題に取り組む活動を「総合的な学習の時間」などを使って行うとしたら,課題発見から解決までのプロセスを年間指導計画の中に位置づける必要がある。この場合,解決として何を目指すかということが重要である。高校生なりの解決策を考えればよいのか,それをどこかに提案するところまで行うのか,あるいは実践まで視野に入れるのかによって,そのための期間や費やす時間が異なってこよう。場合によっては1年間で完結するものではなく,3年間継続するものとなるかもしれない。1年間で完結するにしても,それを何年生に位置づけるかということは入念に検討されなければならない。例えば,1年生に位置づけるとしたら,2年生以上の主権者教育はそこからどのように発展させていくかということを考えなければならないし,3年生に位置づけるならば,それに向けて2年生以下のプログラムをどうすべきかということを検討しなければならないのである。

　1年間のスケジュールの中に様々なプログラムを配置できたら,全体が体系的,系統的になっているか否かを再度点検する必要がある。特に,各教科,「総合的な学習の時間」,特別活動でなされる主権者教育同士のつながりを核にすることが大切である。教師の側は担当が異なるので,それぞれを別々に構想していても違和感はないが,学ぶ側の生徒にとって,一つ一つのプログラムは単体のものではなく,つながり発展していくものとして実感できていなければならない。生徒の目線から,指導計画を点検していくことが求められる。このように考えると,主権者教育の年間指導計画を作成することは,結果的には,学校の教育課程全体を見直すことにつながっている。この意味でも,主権者教育とは,何か特別に新たな取り組みを始めることではなく,従来の学校教育を主権者育成という視点から見直すことであると言える。(桑原)

4 主権者教育をめぐる学校と地域社会の関係

1 地域に開かれた主権者教育

　主権者教育を推進する上では、地域社会との連携は不可欠であると言っても過言ではない。なぜなら、主権者であることは社会の一員としての責任を果たすということであり、そのために必要な資質は、実際に社会と関わりをもたなければ育むことができないからである。従来の学校教育では、ある意味、そのための基礎となる力を育成することが目指されてきた。学校で身に付けた知識や技能については、高校を卒業してから実際に社会に出て、いろいろな経験をする中で使うことができるようになればよかったのである。しかし、18歳選挙権の時代では、18歳になって高等学校を卒業する時点で、主権者としてふるまうことができるようになっていることが要求される。否応なく、学校は社会と直接関わることを求められるようになったのである。

　地域社会との連携については、従来から学校教育に求められてきたことである。近いところでは、かつて「総合的な学習の時間」が導入されたとき、体験的な学習が求められたため、児童・生徒が社会に出て人々と関わりながら体験を積む学習が構想され、実践されていた[1]。また、それ以前にも児童・生徒が学校外でボランティアの経験をすることなどが奨励されていた。そのようなかつての社会との連携の取り組みと、今回の主権者教育の中で求められている社会連携の違いは何か。それは、前者が、学校の教育活動の一部、例えば「総合的な学習の時間」を通しての連携であったのに対して、主権者教育における社会との連携は、学校全体として地域と連携することを目指すという点にある。すなわち、学校の教育活動全体を地域に開かれたもの

にしていくことを目指すということである。「開かれた」とはどういうことか。それは，地域社会の実態や要望を踏まえて教育目標を設定し，内容を構想する上でも地域社会から素材を見出すようにし，方法面でも実際に学習を地域の人々や集団との連携に基づいて組織していくということである。

　これは，決して主権者教育に限られたことではない。現在進められている教育改革の中で，学校に対して強く求められていることでもあり，学習指導要領の改訂の方針の中にも示されていることである。今後の教育では，これまで以上に学校が主体となって独自の教育課程を編成していくことが求められる。主権者教育も，そのような動向の中に位置づけられるものなのである。

2 地域社会との連携を構築するための方法

　地域社会との連携を進めるためには，教師自身が地域に出て様々な団体や人々と直接関わり，自ら関係を構築していくことが必要である。しかし，教師自身は必ずしも学区または生徒が暮らす地域に生活の拠点があるわけではないので，これはかなり困難なことである。また，地域社会に学校を開いていくということは，地域社会の様々な考え方や価値観が学校に入ってくることを意味する。これまで，どちらかと言えば，社会とは切り離された独自の考え方や価値観に基づいて運営されてきた学校にとって，これを推進していくことはかなり勇気がいることである。主権者教育において学校を地域社会に開いていくことは，教師も学校もこれまでの考え方を転換し，学校独自の価値観に基づいて教育を考えるのではなく，学校外の社会の価値観を基盤として教育の内容や方法を構想していくことを意味している[2]。そのための具体的な方法としては，以下の３点が考えられる。

①地域課題をテーマとする学習プログラムを主権者教育に導入する。
②学習の際に地域の人々とともに学ぶ機会を設ける。
③地域社会で活動しているNPO等の団体に支援を求める。
　①については，一見主権者教育とは関わりが薄いことのように見えるが，

先述の広義の主権者教育に基づいている。そして，この地域課題をテーマとする学習は，2015年に総務省と文部科学省の協力のもとで全国の高校生に配布された主権者教育用副教材『私たちが拓く日本の未来』でも取り上げられているのである。副教材の実践編には，模擬選挙や模擬議会など，まさに主権者教育で求められている活動的な学習が紹介されているが，その前の話し合いや討論の手法を紹介する章の中で，地域課題の見つけ方についての学習が示されている[3]。その中では，地域の基礎的な情報を収集し，着目点を整理して，地域がどの分野に課題を抱えているかを明らかにして，行政が発行している情報誌などから身近な地域の政治が，それらの課題にどのように対応しているかを明らかにしていく手法が提示されている。その上で，自分はそれに対してどうしたいか，どのようにすべきか，何ができるかを考えさせている。このような学習プログラムを主権者教育の中に位置づけていくことで，地域とのつながりをつくるきっかけができるだろう。

　②については，現在でも様々な学校で同様のことが試みられている。地域の方の協力が得られるところでは，実に様々な年代，様々な職業の方が学校に来て，生徒と一緒に学んでくれる。しかし，そのような取り組みの課題は，継続性という点にある。地域の方と学ぶ機会が，たった1回の単発的なイベントで終わってしまっては，ただ，地域の方と交流をしたという体験に留まってしまい，そこから何かを得ていくことは難しい。何度も関わる中で互いの考え方や価値観を知り，地域の人々が異なる意見をもっていることを踏まえた上で，地域の一員として合意を形成していくような体験が必要である。そして，その学習のときだけではなく，学校を離れて実際に地域に入って一緒に活動していけるようになることが望ましい。今の若者が社会や政治に関心をもてないのは，そこに関係をつくることができていないからである。学校の学習の中でそのような関係を構築できれば，状況も変わってくるのではなかろうか。

　③は，主権者教育に関しては選挙管理委員会との協力が目立っているが，選挙管理委員会の人員は限られており，主権者教育が普及・拡大するにつれ

て，全ての学校の要求に応えきれなくなってきている。そこで，行政機関以外のNPO等の団体の中から，学校の主権者教育を支援してくれるところを見出すことが必要である。幸いにして，現在ではそのような団体が全国に多数存在して，目覚ましい活躍をしている。それらの団体とよい関係を構築し，それらの団体がもっているノウハウを利用すれば，学校の主権者教育をさらにレベルの高いものにすることができるであろう。

3 地域社会との連携における留意点

　地域社会との連携が強く求められているものの，それはよいことだけを学校にもたらしてくれるとは限らない。地域の問題も一緒に学校に引き入れてしまうということも大いに考えられるのである。そこで，そのような事態を生じさせないためにも，あくまで学校が主体となって連携を進めていくという姿勢が大切である。先生は忙しいからということで，主権者教育を地域に丸投げしてしまうのは問題外としても，学校が中心となり，責任をもって主権者教育の全体を構想し，そこに地域との連携を位置づけていくという姿勢がなければ，冒頭で述べたような開かれた学校づくりにはならないのである。

(桑原)

[注]
1) このことについては，拙稿「主権者教育を通して学校を社会へ開く―小学校教育に学ぶ主権者育成の方法―」筑波大学附属小学校内初等教育研究会『教育研究』2016年11月号，pp.14-17で詳しく述べている。その中で紹介している岡山市の小学校の実践は，次の文献から引用したものである。
　・木原俊行・岡山市立平福小学校『取り組んだ！考えた！変わった！総合的な学習への挑戦』日本文教出版，2002年。
2) 次の文献を参照してほしい。F.M.ニューマン著／渡部竜也・堀田諭訳『真正の学び／学力―質の高い知をめぐる学校再建』春風社，2017年。
3) 総務省・文部科学省『私たちが拓く日本の未来　有権者として求められる力を身に付けるために』2015年，pp.44-49

5 諸外国における主権者教育の取り組み

1 ドイツの政治教育における政治的中立性の確保の意味

　主権者教育が注目されるようになって，授業における政治的中立性の確保が，学校の外でも注目されるようになった。これは，歴史授業において，いくつかの近現代史上の出来事の解釈がかつて注目されたのと同様に，教育的な関心だけによるものではない。政治的な関心に基づいている面もあり，その背景には現実の政治の中で生じている対立や論争があることは否定できない。そのために，学校や教師が主権者教育への取り組みを躊躇しているという声も聞く。この点について，ドイツの政治教育における取り組みを参考に考察してみよう。

　1960年代末以降，ドイツにおいて，政治教育は，体制の安定を目指す立場と改変を目指す立場の両方からの批判に絶えずさらされてきた[1]。教科書や教育課程に対する両方の立場からの非難が繰り返され，教育についての建設的な議論ができない状況が続いていたのである。このような状況の中で，1970年代の半ばにまとめられた「ボイテルスバッハ・コンセンサス」は，この問題についての指針を示し，政治教育学者や教員の中でその後広く受け入れられるようになった。

①圧倒の禁止。生徒を─いかなる方法によっても─期待される見解をもって圧倒し，自らの判断の獲得を妨害することがあってはならない。…（略）…
②学問と政治において議論のあることは，授業においても議論のあるものとして扱わなければならない。…（略）…

③生徒は，政治的状況と自らの利害関係を分析し，自分の利害にもとづいて所与の政治的状況に影響を与える手段と方法を追求できるようにならなければならない[2]。

　この言葉は，我が国の主権者教育に対して，2つの重要な示唆を与えてくれる。第一は，政治教育は，誰か特定の人が掲げる政治目標を達成するための手段ではないということである。たとえ教師や教育学者であったとしても，いくら自らが正しいと信じる政治目標であっても，それを子どもに押し付けることは許されないのである。第二は，現実の政治において対立していることは，授業においても対立しているものとして扱われなければならないということである。政治教育においては，多様な視点に基づく様々な選択肢があることが提示されなければならないのである。

　主権者教育は子どもを正しい方向へ導こうとするものではない，子ども自身が自分で正しいと考える方向を選択できるようにすることを目指すものであることをドイツの取り組みは示唆してくれている。

2 ヨーロッパのシティズンシップ教育教材から示唆される投票の意味

　近年，我が国の多くの研究者がヨーロッパ，特に英国イングランドのシティズンシップ教育を研究し紹介している[3]。その影響は教育現場にも及び，シティズンシップ教育の影響を受けた学校教育改革への取り組みも見られる。本稿では，英国のシティズンシップ教育教材を取り上げて，その中で選挙がどのように教えられているかを分析し，主権者としての自覚を育てる選挙の学び方を明らかにしていきたい。

　取り上げるのは，英国のシティズンシップ教育教材（中等教育用）「これが，シティズンシップ研究（this is…citizenship studies）」である[4]。その教材の第4章の第2節「16歳に選挙権を与えてよいと思いますか？」では，選挙権年齢の引き下げについて考えさせている。その教材では，民主主義社会においては，自らの意見を政治に反映させるための重要な手段が選挙である

ことを確認した上で，現在の18歳から16歳に選挙権年齢を引き下げる議論がなされていることを提示し，それに賛成か，反対か生徒自身の意見を尋ねている。飲酒，喫煙，結婚などが許される年齢を確認しながら，選挙権年齢の引き下げの妥当性についてクラスで議論する学習が組まれている。教科書には，この問題をめぐる意見が例示されており，その主なものは以下のようになっている。

a）結婚したり，軍隊に入隊したりするのに十分な年齢であるとみなされているならば，選挙についても十分な資格をもつ年齢と考えるべきだ。
b）若者も経済的な力（その負担を被るのに十分な力）をもっているのに，政治的な力は与えられていない。これは間違っている。
c）多くの16歳は，まだ成熟していない子どもである。
d）成熟していることや責任をもてることは有権者になることの必要条件ではない。なぜなら，投票できる無責任な大人もたくさんいるから。
e）16歳のほとんどはその親と全く同じことをするか，あるいは正反対のことをするか，そのいずれかである。いずれにしても，このことは学識に基づく判断ができているということを意味しない。

このように，選挙権年齢について議論をする中で，その社会の一員となることは何を意味するかについての考えを深めようとしている。投票することに伴う責任や義務をただ教え込むのではなく，民主主義社会のあり方を踏まえた上で，選挙の意義を当事者である子ども自身に考えさせようとしている点は，投票の重要性を強調しがちな我が国の主権者教育に対して大いに示唆を与えてくれるものである。このシティズンシップ教育の背後に見えるのは，それがたとえ何歳であったとしても，投票する資格を与えたら，それに見合う資質を身に付けさせるのは社会の責任という姿勢と覚悟である。

3 アメリカ合衆国の社会科教材から示唆される市民の役割

　我が国の社会科教育研究は，米国の社会科教育の影響を大いに受けてきた。合衆国憲法の精神を尊重しながらも，自立した判断ができる市民を育てようとする米国の社会科教材には，主権者教育を考える上で役立つ学習事例が豊富にある。例えば，よく知られている憲法学習教材の「われら合衆国人民」には，次のような課題が示されている[5]。

　本来，服装は自由であるにもかかわらず，特定の政治的スローガンが書かれたシャツの着用を禁じた学校の規則ができた。これに反対するために，友達と一緒にデモに参加すべきかどうか。

　この課題は，不公正だと思うルールにも従うべきかどうかというジレンマを含んでいる。不公正だと思うのであれば勇気をもって反対するのが市民としての責任だという考えもあれば，市民として社会が決めたルールには従うべきだという主張もあろう。生徒は，この学習を通して市民としての責任ある決断とはどのようなものかを考察する。自立した個人を育てることを目指す米国の教育に対する考え方が，明確に反映された教材となっている。

(桑原)

[注]
1) 以下の記述は，次の文献に基づく。近藤孝弘『ドイツの政治教育　成熟した民主社会への課題』岩波書店，2005年。
2) 近藤孝弘，同書，pp.46-47.
3) 例えば，次のような研究をあげることができる。池野範男「グローバル時代のシティズンシップ教育―問題点と可能性：民主主義と公共の論理―」日本教育学会『教育学研究』第81巻2号，2014年，pp.138-149.
4) Terry Fiehn, Julia Fiehn and Andrew Miller, *this is …citizenship studies for key stage 4 and GCSE*, John Murray Ltd., 2003, London.
5) Center for Civic Education, *We the People Level 2*, 1996.

2章

4つのSTEPで主権者を育てる！新授業プラン

主権者を育てる
学習の4つのSTEP

本書では，主権者育成のSTEPとして，次の4つの段階を想定した。

STEP 1　基本的な知識を活用しながら獲得する
STEP 2　知識を活用し問題についての意思決定力を育てる
STEP 3　アクティブ・ラーニングで進める
STEP 4　社会との連携に基づいて取り組む

本書では，主権者教育で育成すべき学力を，従来の社会科教育研究の成果や，近年の学力研究の成果に基づいて，次頁のように図式化した。主権者教育で育成すべき学力には，知識だけではなく，その知識を活用するための能力や技能，学習に対する態度や動機に関わる感情や意志力，実際に社会に参画し行動する力などが含まれる。知識には，個別的な知識（事実），それらの事実をつなぎ合わせて事象や出来事を説明するために必要な一般的な知識（見方・考え方），説明を踏まえて態度や行動を決定するための前提となる意思決定に欠かせない価値的知識（価値観）がある[1]。これらの知識は，情報処理のための能力や技能，思考や判断のための能力や技能，意思決定のための能力や技能とともに育まれる。これらの知識，能力や技能を身に付けるためには，学習者が主体的に問題に取り組み，自ら進んで学ぶ必要がある。そのため，学習に対する態度や動機をつくる感情や意志力は，これらの知識，能力・技能の背後にあり，それを支えるものである。また，これらの学力は最終的には市民として実際に社会で行動する際に活かされるものである。

本書では，これらの学力のうち，どの要素に最も強く関わる学習であるかという観点から，授業のタイプを先の4つに類型化した。この4つの類型は，

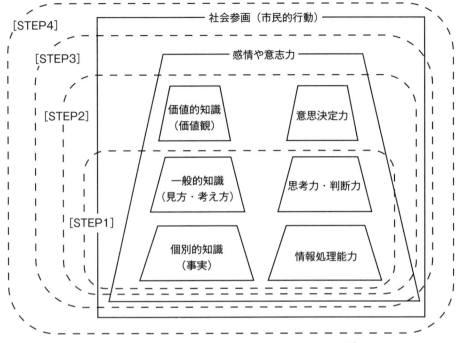

[図 主権者教育で育成すべき学力と学習方法][2)]

主権者教育の段階を示しているが，それは，主権者教育はこの段階にそって実施すべきであるとか，STEP1から4へと徐々にレベルを上げていくことを求めているわけではない。このSTEPは，現在，一般的になされている授業との距離を表している。STEP1の授業が現状の一般的な授業のスタイルに最も近いものであり，STEP4の授業は，現状から最も大きく授業のやり方を変える必要があるものということになる。全ての学校がSTEP4を目指すべきというわけではなく，STEP4で見られるような生徒の姿を想定しながら，生徒の実態や学校や地域の特性を踏まえて，最も無理なく取り組むことができる授業のスタイルを選んで主権者教育を実践していけばよいのである。主権者教育のカリキュラムを構成する上では，これらの授業のスタイルの中から目標や内容を踏まえて最も適したものを選択し，年間の指導計画の中に配置していけばよいだろう。

STEP1は，基本的な知識を活用しながら獲得していくことを目指した授業である。この授業における基本的な知識とは，個別的知識（事実）を捉え，それらを結びつけて事象や出来事の原因や理由を説明するために必要な一般的な知識，すなわち見方・考え方である[3]。本書では，この見方・考え方にあたる知識として，議会の役割，選挙の意義，税のしくみ，憲法の意義と役割などを取り上げて，新授業プランを提案している。従来の社会科授業では，事実にあたる個別的な知識が基本的なものとして位置づけられていた。しかし，情報がいつでもどこでも入手できるようになった社会においては，そのような事実に関する知識を記憶しておくことよりも，問題に対処するためには，どのような事実について知る必要があり，それらを使っていかに考え判断するかということについて見通しを与えてくれる見方・考え方を身に付けておくことの方が重要なのである。

　STEP2は，見方・考え方を用いて，なぜそのような問題が生じたのか，その問題はどのような結果や影響をもたらすかを推論した上で，自分自身の価値観に基づいて問題の解決方法や対処法に関する意思決定ができるようになることを目指すものである。本書では，身近な地域の問題，国の政策課題，国際社会の問題という3つのタイプの問題に対して意思決定を求める授業を提案することにした。意思決定力を育てる授業では，意思決定をすること自体が目標なのではない。意思決定を通して，意思決定のために必要な資質を身に付けることが重要である。その資質とは，異なる他者の意見を踏まえて自らの決定やその根拠となっている価値観を見直し，よりよい決定ができるようになるための資質である。本書では3つのタイプの問題を設定し，問題ごとに授業プランを提示したが，地域，国，国際社会という3つのレベルは，事象にアプローチする窓口でしかない。問題を追究する過程において，地域の問題が国や国際社会の問題とつながっていることもあり，その逆も十分に考えられる。大切なことは，問題をその表面的な姿にとらわれることなく，多面的多角的に捉え，背後にある解釈の違いや，価値観の相違に気づき，より広い視野から決定できるようになることなのである。

STEP 3は，基本的にはSTEP 2の授業と同じ原理に基づき，思考・判断や意思決定を求めていくものである。STEP 2との違いは，模擬選挙，模擬請願，模擬議会など，現実の社会により近い活動を積極的に取り入れた学習方法を取り入れていることである。このような活動を行うのは，生徒に問題を追究するための社会的文脈に気づかせるためであり，それによって生徒に問題に取り組む動機を与え，より主体的に取り組むことができるようにするためである。問題に対する意思決定に模擬選挙というプロセスを取り入れたり，その結果を模擬請願という形で社会に発信したり，模擬議会を通して問題に対して社会的な意思決定がなされる過程を実感したりすることは，生徒の主権者としての意識や自覚を高めていくだろう。

　STEP 4は，STEP 3の授業を社会との連携に基づいて行おうとするものである。本書では，地域の行政機関や地元の人々と連携をして取り組む授業や，地域で活動しているNPOや地域の大学と連携した授業の例を提示した。これらの連携を通して，生徒は地域の人々や団体と直接触れ合い，自分とのつながりを実感することができる。そのようなつながりは，生徒に自らが社会と関わり，参画していくことの大切さを実感するために必要である。STEP 4のような授業において見られる生徒の姿を想定しながら，他のSTEPの授業も構想していく必要があるだろう。

（桑原）

[注]
1) 森分孝治『社会科授業構成の理論と方法』明治図書，1978年，及び，同『現代社会科授業理論』明治図書，1984年を参照。
2) この図の作成にあたっては，下記の文献を参考にした。
　・森分孝治「市民的資質育成における社会科教育—合理的意思決定—」社会系教科教育学会『社会系教科教育学研究』第13号，2001年，pp.43-50.
　・石井英真『今求められる学力と学びとは—コンピテンシー・ベースのカリキュラムの光と影—』日本標準，2015年。
3) 森分孝治「社会的なものの見方考え方の拡大・深化・体系化」学校教育研究会『学校教育』No.1000，2000年，pp.36-39.

STEP1 基本的な知識を活用しながら獲得する
1 議会の役割を考える新授業プラン

1 授業プラン―全体の流れ

❶事前学習
　事前学習では，次のような主要な問い（学習活動）で授業を構成する。
○日本の国会議員は，どの政党に所属しているのか
○日本の国会議員は，なぜ政党に所属するのか
○「党議拘束」とは何か
○党議拘束に対して議員は，どんな思いをもっているのか
○なぜ日本の政党は議員の行動を「縛ろう」とするのか
○なぜアメリカ合衆国には党議拘束はないのか

❷討論会
　討論会の時間では，次のような主要な問いで授業を構成する。
○議員は「政党の一員」？「国民の代表」？？
○事前学習で学んだことを踏まえて，自分の意見をまとめよう，そしてその理由と根拠を整理しよう
○グループに分かれて，自分の意見を他者に伝えよう，他者の意見を傾聴しよう
○グループでの議論の論点を討論しよう

❸教師（選挙管理委員会関係者）による意味づけ
○みなさんは何を重視し，判断したのか，整理しよう

2 授業プランのねらいと概要

○党議拘束の視点から，国会議員は，「国民の代表」なのか，「政党の一員」なのかについて考察することで，日本の議員の投票行動のあり方について，検討する。
○日本の議員の投票行動が党議拘束と結びついている理由について，議院内閣制の視点から，考えることができる。
○アメリカ合衆国の議員の投票行動が党議拘束されない理由について，大統領制の視点から，考えることができる。
○日本の議員の投票行動のあり方を党議拘束の視点から考察し，判断できる。

3 授業プランの工夫

❶難しい？　党議拘束を生徒が理解するための工夫

　党議拘束とは，政党の決議によって党所属議員の表決活動を制限することである。議院内閣制，政党（政治）制の本質的意味すらその理解が十分でない生徒に，党議拘束を理解するのはハードルが高いと思われるかもしれない。授業冒頭では，政治概念としての党議拘束の意味よりも，生徒にわかりやすくするために「政党の判断に縛られる」か「議員個人が自由に判断できるか」といった二項対立からスタートしたい。生徒の学習が深まる中で，「政党の判断に縛られる」理由をアメリカ合衆国の政治システムとの関連で追求できればよいのである。

❷意外と難しい？　「国民の代表」について生徒に理解を促す必要性

　近代議会において，国会議員は，一部の利益団体等の「代表」ではなく，「全国民の代表」と評される。また，日本国憲法第43条でも「両議院は，全国民を代表する選挙された議員でこれを組織する」と示される。本授業での

「国民の代表」の含意は、「国会議員が所属する政党や選挙区の利害だけで行動するのではなく、広く全国民的視野に立ってその職責を果しているかどうか」ということである。ただ、「広く全国民的視野」といっても、それは具体的に何を指しているかわからず、前述の「政党の利害で行動するのではなく」といった視点に注目させる必要があり、例えば、「党議拘束に反する行為をした政治家の信念」といった資料を配付するなどの工夫が必要になる。

4 事前学習の実際とポイント

授業の流れにそって、問いと指導上の留意点を列挙する。生徒の理解度を踏まえ、問いを増減してもよい。

> **ポイント**
>
> この事前学習では、日本の政党が「党議拘束」を行う意味と「党議拘束」に反対する意見をアメリカ合衆国の場合と関連づけて、それを「中核」に学び、他の問いはあくまで、この「中核」を学ぶための問いであることを踏まえて指導する。

日本の国会議員はどの政党に所属しているのか。
○国会議員で知っている人は誰か？
○国会の構成はどうなっているのか？
　基本的な国会のしくみについて、まずは確認したい。
○日本の政党にはどのようなものがあるのか？
○国会で多数を占めている政党を何という？　現在はどの政党が多数を占めているのか？
　日本の国会議員の政党構成について確認したい。

❶日本の国会議員はなぜ政党に所属しているのか
○国会議員は、どんな仕事をしているのか？─政策決定のプロセスを学ぶ

○国会議員は，ほとんどの人が政党に所属しているが，政党に所属するメリット・デメリットは何か──「無所属議員」と比べてみよう
　「無所属議員」は特定の政党に所属できない事情（選挙で複数政党の支持を受けた場合など）があり，本来，自分が考える政策を発信・実現していくためには政党に所属した方が望ましいことを付言する。

❷党議拘束とは何か
○議員が政党の決定よりも自分の意思を押し通して投票行動を行った事例を探してみよう
　「代表的な事例」として，郵政民営化の法案採決があるが，最近でも事例はあるので，それを利用してもよい。
○党議決定した政策に反対した議員は場合によってはどのような「制裁」を受けることになるのか
　除名や離党勧告といった，政党に所属する議員にとっては，「厳しい」判断をされる場合があり，選挙の際に，「対立候補」を立てられる場合もある。

❸党議拘束に対して議員は，どんな思いをもっているのか

> 本会議20分前に代議士会が開かれ，賛否を確認して本会議場入りする。内容をよく理解してなくとも，党の方針に従って立ったり（賛成）座ったままだったり（反対），白票か青票を投ずれば役目を果たすことになる。つまり，個人個人が考えなくても済むのだ。国民も国会議員もこれが当然と思い込んでおり，極めて異常なことなのだ。（中略）党は一体何を拘束すべきなのか。欧米では党の綱領に真っ向から反するものでものでない限り，政党が過度に議員を拘束すべきでないとされている。（中略）本来国会で行われるべき審議が，与党内で事前に処理されてしまっているのは，やはり国会軽視であり，透明性に欠ける。少しでも国民が法案の決定過程がわかるようになるためにも，委員会での審議は個人の意見で自由にしたほうがよい。

引用：「しのはら孝 blog」(2012年7月17日) http://www.shinohara21.com/blog/archives/2012/07/120717_1.html

　他に，「党議拘束に反する行為をした政治家の信念」に関する資料を提示することで，「国民代表」としての議員の行動について考えさせる。

❹なぜ日本の政党は議員の行動を「縛ろう」とするのか
　日本の「政治システム」は議院内閣制をとっていることに着目させる。政権を維持するためには，多数派を形成する必要があり，そのための「道具」が党議拘束であることを確認する。

❺なぜアメリカ合衆国には党議拘束がないのか
○アメリカ合衆国はどんな政治制度を採用していましたか？
　厳格な三権分立を採用しているといった点に留まらず，有権者が選ぶことができるのは，「大統領」「連邦議会議員」であることに着目させる。
○アメリカ合衆国の政党には党議拘束があるのか
　与党議員が議案に反対したり，野党議員が議案に賛成することはよくある。アメリカ大統領が，重要法案の採決にあたって，個別の議員に電話をかけて説得する「エピソード」を交えて話をするとよい。

5　討論会の実際とポイント

　討論会を進める場合の問い（学習活動）と指導上の留意点を列挙する。

> **ポイント**
> 　この討論会では，自分の意見をまとめる，第一段階の学習が重要である。後述のトゥールミン図式を活用して，生徒自身の意見を整理した後で，生徒から出てきた意見を踏まえ，論点を設定することが，深い学びにつながる。

❶国会議員は「政党の一員」？「国民の代表」？？
○事前学習で学んだことを踏まえて，国会議員は「政党の一員」であるべきか「国民の代表」であるべきか，自分の意見をまとめよう。そしてその理由と根拠を整理しよう。
　根拠を示す資料として，憲法条文を配布し，参考資料とさせたい。また，

トゥールミン図式を使って，生徒自身が考えた意見等の「対立構造」を「見える化」したい。

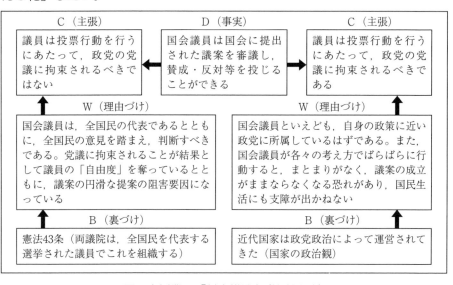

図　本授業の「対立構造」（筆者作成）

○グループに分かれて，自分の意見を他者に伝えよう，他者の意見を傾聴しよう，グループでの議論の論点を討論しよう

本授業での「対立構造」を上記のように捉えると，「論点」は自ずと決まってくる。「議案の成立」に関わって，党議拘束に従わないと，「議案の成立がままならなくなるのか否か」である。「党議拘束反対派（トゥールミン図式左側）」は，むしろ，党議拘束自体が，議案の円滑な提案の妨げになっていると論じているからである。

6　教師（選挙管理委員会関係者）による意味づけの実際とポイント

グループでの議論の経過（内容）を報告させた後で，それぞれのグループの議論でよかった点を中心に整理する。外部講師として選挙管理委員会関係者を呼び，生徒の発表内容を意味づけてもらうことも効果的である。　（橋本）

STEP1 基本的な知識を活用しながら獲得する
2 選挙の意義について考える新授業プラン

1 授業プラン―全体の流れ

❶選挙シミュレーション『選挙ゲーム』

　後述する選挙シミュレーション『選挙ゲーム』を通して,投票者の立場からではなく,立候補者の立場から選挙について考察させる。その中で,選挙を通して,国民の意思が政策決定過程にどのように影響を及ぼしているかに気づかせる。

❷選挙シミュレーション『選挙ゲーム』の振り返り

　選挙シミュレーション『選挙ゲーム』における体験を振り返らせる。その中で,超高齢社会である現代日本の政治の特質として,人数が多く投票率も高い高齢者層の声は政策に反映されやすく,人数が少なく投票率も低い若者の声は政策に反映されにくい傾向があることを指摘し,「投票すること」の意義と重要性に気づかせる。

❸まとめ

　授業のまとめとして,「『なぜ,選挙に行かないといけないのか？』という小学生の質問にどう答えるか？」という発問を提示し,選挙の意義と重要性について自分の考えをまとめさせる。

2 授業プランのねらいと概要

　この授業では，選挙という観点から，国民の政治参加が政策決定過程に及ぼす影響を多面的・多角的に考察させ，「民主政治の下では，国家の行為に対して最終的には国民自らが責任をもつことになることを理解させ」[1]た上で，政治参加の重要性についての自覚を深めさせようとしている。

3 授業プランの工夫点

❶候補者の立場から選挙の意義と重要性を考えさせる

　選挙を多面的・多角的に考察させるためには，投票者の立場からだけでなく，立候補者の立場からも選挙を知る必要があると考えた。選挙を題材とした体験的な学習としては，模擬選挙という優れた実践があるが，この活動を通して体験できるのは投票者の立場であり，立候補者として世論を考慮しながら政策を提案するという体験はできない。このことを踏まえて考案した選挙シミュレーション『選挙ゲーム』では，生徒を架空の選挙の立候補者として設定し，当選するために世論を考慮しながら政策を提案するという体験をさせることにした。

❷シミュレーションでの体験を通して気づかせる

　シミュレーションを活用することで，擬似的な役割体験を通して生徒が想像しにくい立場からの考察を促すとともに，選挙という抽象的になりがちな事柄について，体験の中での気づきを通して，その意義と重要性を理解させたいと考えた。また，体験の振り返りにおいて，シミュレーションでの擬似的な体験と現実社会における問題を比較・検討させることで考察をより深めさせたい。

4 選挙シミュレーション『選挙ゲーム』の実際とポイント

❶選挙シミュレーション『選挙ゲーム』の設定

このゲームでは，生徒を架空の選挙の立候補者として設定し，表1のような状況を踏まえ，当選した場合に実施する政策を1つだけ提案させる。このようにすることで「投票者の支持を得るためにはその要望に応える形で政策を提案する必要があるが，多様な投票者の要望すべてに応えることはできない」というジレンマ状況に直面させる。

その上で，要望に応えて政策を実現するためには資金が必要であり，その資金を確保するためには増税が必要である，とする。増税の方法を表2のように提示し，政策を実現するための資金を確保するための方法もあわせて提案させることで「増税という負担を強いれば投票者の支持を失う危険性があるが，政策を実現するためには増税という負担を投票者に負わせる必要がある」というジレンマ状況に直面させることができる。

ポイントは，各年齢層の人数と投票率に差を設けていることである。これにより，生徒は「どの年齢層の要望を優先するべきか？」「どの年齢層に増税という負担を負わせるべきか？」という判断に迫られることになる。

表1　選挙が行われる国の「国民の声」

年齢層	人数	投票率	要望（要望の実現のために必要な資金）
10歳以上 20歳未満	200万人	権利 なし	① 15歳以上の男女に選挙権を認めて（0円） ② 新しい学校を建てて（8000万円）
20歳以上 30歳未満	200万人	20%	① 工場を建てて，たくさんの人を雇って（8000万円） ② 国際空港を建設して（2億円）
30歳以上 40歳未満	300万人	40%	① 各家族に自動車1台をプレゼントして（2億円） ② 子ども1人に1万円ずつプレゼントして（1億円）
40歳以上 50歳未満	350万人	50%	① 環境にやさしい商品の開発研究をして（4000万円） ② 高速道路と国際空港を建設しないで（0円）
50歳以上 60歳未満	400万人	70%	① 新しい病院を建てて（8000万円） ② 50歳から毎月20万円もらえるようにして（2億円）
60歳以上	400万人	90%	① 60歳以上の医療費を無料にして（2億円） ② 60歳以上のバス運賃を無料にして（1億円）

表2 選挙が行われる国の税金の種類（資金調達の方法）

平等税	すべての年齢層に平等に負担させる税金で，1％増税すれば，財源が2000万円増える。
特定税	特定の年齢層のみ（20歳未満は対象外）に負担させる税金で，1％増税すれば，財源が1000万円増える。

❷選挙シミュレーション『選挙ゲーム』の実施

　まず，架空の選挙の立候補者である生徒に対して，「表1のような状況を踏まえ，あなたが提案する政策を1つだけ決めなさい。また，その政策を選んだ理由も答えなさい」という発問を行う。その上で，さらに「政策を実現するために必要な資金を調達するため，表2の2つの税金をどのように増税するかを決めなさい。また，そのようにした理由も答えなさい」という発問を行う。この2つの発問について，生徒一人ひとりで考えさせた後，何人かに考えを発表させてみる。すると，ほとんどの場合，政策については人数も多く投票率の高い「50歳以上60歳未満」または「60歳以上」の要望に応えるものを選ぶが，資金調達の方法については負担を平等にすべきという考えのもとで「平等税」のみの増税を選ぶ傾向がみられる。

　そこで，「増税しようとする立候補者は支持されるだろうか？すべての年齢層に負担を強いると，すべての年齢層からの支持を失う危険性もあるのでは？」と問いかけて考えを揺さぶる[2]。その上で，5名程度のグループで2つの発問を再び検討させる。この議論の中で，生徒は，戦略的には「人数が多く投票率も高い年齢層の要望を優先し，人数が少なく投票率も低い年齢層に負担を負わせる」ことが正解だと気づくが，果たしてそのような立場をとってもよいのか，というジレンマに直面することになる。

5 選挙シミュレーション『選挙ゲーム』の振り返りの実際とポイント

　振り返りとして，まず，提案する政策とその資金の調達方法について戦略的には「人数が多く投票率も高い年齢層の要望を優先し，人数が少なく投票

率も低い年齢層に負担を負わせる」ことが正解であったことを確認させる。その上で，超高齢社会である現代日本において，人数が多く投票率も高い高齢者層の声が政策に反映されやすく，人数が少なく投票率も低い若者の声が政策に反映されにくい，いわゆる「シルバー民主主義」という傾向があることを指摘する[3]。これにより，現実の政治においても，各年齢層の人数や投票率の違いが政策決定過程に影響を与えていることに気づかせる。

さらに，国民負担の世代間格差を示す指標である世代会計（現在の法制度がそのまま継続すると仮定して，個人が一生の間に国に支払う金額「負担」と国から受け取る金額「受益」を年齢層別に推計したもの）を，投票に行った各年齢層の人数と対比させてみる[4]。すると，投票に行った人数が多い高齢者層は「受益」が大きいのに対し，投票に行った人数が少ない若者は「受益」よりも「負担」が大きくなっていることがわかる。この分析から，生徒は，シミュレーションの中で気づいた「人数が多く投票率も高い年齢層の要望を優先し，人数が少なく投票率も低い年齢層に負担を負わせる」という戦略的な立場が現実にもとられているのではないかと考えることになる。

以上のような考察を通して，生徒は，「投票すること」の意義と重要性に気づく。つまり，立候補者が当選することを優先した戦略的な立場をとる場合，多数の票を期待できる投票者層の要望が重視される一方，票数を期待できない有権者層については，その要望が軽視されるとともに，負担を強いられる危険がある，ということを理解するのである。なお，この振り返りにおけるポイントは，生徒が「投票すること」の意義と重要性についての考察を深めやすいよう，言葉による抽象的な説明だけではなく，シミュレーションの中での気づきと現実の政治を結びつけながら考察させていくことである。

6 まとめの実際とポイント

最後に授業のまとめとして，「『なぜ，選挙に行かないといけないのか？』という小学生の質問にどう答えるか？」という発問を提示し，その答えを5

人程度のグループで議論させる。そして，各グループで考えた答えを発表させた後，個人で答えを考えさせる。このようにすることで，選挙の意義と重要性について，多面的・多角的に考えを深めることができると考えたからである。また，小学生にわかるような平易かつ具体的な表現で自分の考えを簡潔にまとめるためには，選挙の本質を的確に理解する必要があり，この点でも考えを深めさせることができると考える。

7 授業プランのまとめと留意点

　この授業は，投票者の立場からではなく，立候補者の立場から選挙を考察させることで，「投票すること」のメリットと「投票しないこと」のデメリットに気づかせ，選挙の意義と重要性を理解させようとするものである。
　留意すべきは，シミュレーションとして選挙を単純化・構造化したことにより，選挙における票数のみが政策を左右するような印象を生徒に与えてしまうかもしれない，ということである。この点については，国内外の多様な要因が複雑に絡み合って政策が形成されていくという視点を，この授業だけでなく，他の単元の授業でも，現代社会を考察する視点として，生徒にもたせていくことが重要である。

(黒田)

[注]
1) 文部科学省『高等学校学習指導要領解説公民編』2009年，p.13
2) もしも，資金調達の方法について，人数が少なく投票率も低い年齢層の支持ならば失ってもかまわないという考えのもとで「特定税」を選ぶ生徒が多かった場合，「選挙で選ばれた人は，特定の人々の代表ではなく，みんなの代表のはずでは？」と問いかけて考えを揺さぶる。
3) 総務省・文部科学省『私たちが拓く日本の未来』2015年，pp.26-27でも，このような傾向が指摘されている。
4) 世代会計については，増島稔・島澤諭・村上貴昭『世代別の受益と負担』内閣府経済社会総合研究所，2009年が詳しい。また，森川友義『若者は，選挙に行かないせいで，四〇〇〇万円も損してる⁉』ディスカヴァー・トゥエンティワン，2009年，pp.18-32では，世代間格差と各年齢層の投票率や投票に行った人数の関係がグラフを用いて説明されている。

3 | STEP1 基本的な知識を活用しながら獲得する
税のしくみについて考える新授業プラン

1 授業プラン―全体の流れ

❶税と財政についての導入学習

　まずはじめに，高校生にとって，税が使われている身近な事例をいくつか取り上げ，税の意義や役割について実感をもって理解できるような学習を行う。その上で，準備した資料をもとに，租税と財政のしくみや役割，機能や諸原則についての基本事項を学習する。

❷財源についての政策発表会

　5名程度のグループをつくり，各グループが社会問題を解決する方策を簡単に考えた上で，その方策を実行するために必要な財源を確保するプランを考える。基本的には増税もしくは予算配分の変更のいずれかで考えさせる。その際には，租税と財政のしくみや役割，機能や諸原則などを活用し，財源案の社会的妥当性が説明できるように考えるよう指示する。その上で，解決策と財源についての政策発表会を行い，財源案の妥当性について検討する。

❸振り返り―活動から学びへ

　これまでの活動について，それぞれのグループで「自分たちは税や財政のどのような原則や役割を重視していたか」「それらを重視することが，社会にどのような影響を及ぼすのか」について話し合うことで，税や財政の役割や原則が社会のあり方に影響を及ぼすことを理解するとともに，税やその使い方である財政について主体的に考えていくことの重要性を認識する。

2 授業プランのねらいと概要

　本授業プランは，税や財政のあり方が社会のあり方に大きな影響を及ぼすことを理解することで，税や財政のあり方に関心をもち，考え続けることが主権者として重要であることを認識できるようにするのが目的である。

　民主主義社会を担う主権者としては，社会問題を解決する政策について関心をもつとともに，自らも解決策（政策）について考え判断する（しようとする）資質・能力が求められる。しかし，政策実現のためにはたいていの場合何らかの財源を必要とする。社会問題を解決するための政策のあり方が社会のあり方を方向づけるとともに，その政策の財源のあり方もまた，社会のあり方を方向づけることになる。税や財政のしくみを単に社会に関する情報の一部として習得するのではなく，税や財政の現実分析とそのあり方を考えるための基盤となる社会の知識として活用可能な形で身に付けることを目指す。

3 授業プランの工夫点

❶活動を通じて知識を身に付ける―活用可能な知識／意義ある知識

　本授業プランでは，政策実行のために必要な財源案を考え，その社会的妥当性を吟味するという過程において，税や財政のしくみ，役割や原則に関する知識を実際に使うという学習活動を行うことで，主権者として社会のあり方を考えるために意義のある，実際に使える知識として身に付ける。

❷資料という形で知識を提示する―能動的な学習

　税や財政のしくみ（役割や原則）に関する知識は，教師の説明による提示を中心にするのではなく，資料という形で提示する。教師の説明を待つ受動的な学習ではなく，財源案を考え吟味するために必要な知識を資料から能動的に獲得するという学習スタイルを目指す。

4 導入学習の実際とポイント

❶税の使われ方―高校生の生活にとって身近なものから

　私たちの身の回りには，税によってつくられ，維持されている公共施設や社会制度等が数多く存在している。それらの中から，高校生にとって身近で実感のあるものを複数取り上げ，どこ（国・地方公共団体）からどのくらいの税が支出されているのかなどについてクイズ形式で考えさせる。例えば，高校生１人あたりの年間教育費は典型例となろうが，単に総額を示すだけでなく，学校の校舎や机や椅子などの設備，水道や電気，教職員への給与等，具体性のある内訳についても示すことで，高校生に実感がもてるようにする。他には，医療費に対する国等の負担分，通学に利用している公共交通機関に対する補助金，通学路の道路や橋などの建設・維持費などがあげられる。

　そのような学習活動を通じて，人々が社会生活を送っていく上で公共施設や社会制度等が重要な役割を果たしていることを実感し，人々が納めている税が社会において重要な役割を果たしていることに改めて気づかせることで，税の意義や役割について学習するための構えを構築する。

❷租税と財政のしくみ

　ここでは，租税と財政についての基本的な内容の学習を行う。租税の種類については，直接税と間接税について国税と地方税に分けながら資料を使って説明する。また，公平，中立，簡素という課税原則についても触れ，累進課税制度や直間比率など基本的事項についても説明する。財政については，歳入と歳出の内訳についての資料を提示し，特に税の使われ方としての歳出項目については具体的なイメージをつくることができるよう，適切な事例も交えた資料などを準備して説明する。また，国と地方自治体の財政の関係についても触れ，地方交付税交付金などの意義や役割についても学習できるようにする。その上で，財政の役割として，①資源配分機能，②所得と富の再

分配機能，③経済安定化機能の３つがあることを学習する。その際には，単なる用語の暗記だけに終わらないよう，それぞれの機能を具現化している具体的なしくみを例示しながら学習できるように工夫する必要がある。例えば，①の機能であれば，税として家計や企業から徴収したものを，教育や医療，警察や消防などの公共サービス，道路や下水道などの公共施設の整備などの形で社会に配分していることについて，具体性をもって学習できるようにする。

　この段階での学習活動は，どちらかというと資料を使っての説明が中心となる教師主導型になりがちであるが，ここで「習得」した「知識」を次の学習活動で「活用」できるようにするための基盤づくりの段階として位置づけている。なお，生徒の実態によっては，次のような代替措置を講じることで，教師主導的な本段階の学習活動は簡略化，あるいは省略してもよいと考える。その代替措置とは，本段階で習得してほしい内容をまとめたわかりやすい資料を準備して次の段階の学習活動時に配布，その内容を生徒自身が各自で読み取り，その内容を学習活動において「活用」するといったものである。生徒がどれだけ資料を読みこなすことができるかにもよるが，こちらのやり方の方が，知識を自ら選択的に活用する，より主体的な学習活動が実現でき，生徒自らが知識を使えるものとしていくことを可能にするはずである。

5 財源についての政策発表会の実際とポイント

❶財源についての政策づくり

　まず，国政あるいは地域レベルで課題になっていることについてクラスでピックアップする。新聞記事などの資料を適宜用意しておき，ある程度課題の内容が把握できるようにしておく。もし課題がうまく出てこないことが予想されるようであれば，以下のようなジャンルで具体的な課題についての資料を教師側で準備しておいてもよい（①雇用と労働条件，②少子高齢化と社会保障，③教育・子育て，④グローバル化と地域経済振興，⑤食の安全，など）。課題となる社会問題を選んで５名程度のグループをつくり，課題の解

決策をある程度考えてもらうが，その施策を実行するための財源についても考えてもらう。基本的には，財源案をより具体的につくるように指示をする。

　社会問題についての解決策を考えさせる授業は多くの実践が開発されているが，その財政的な面までを視野に入れて考えさせる実践は少ないのが現状であろう。本授業では，政策を実現するための財源確保の手法として，Ａ：増税（既存の税を上げるか新たな税をつくる），Ｂ：予算の配分見直し（他の施策の予算を削る）のいずれかを選択して財源案を考えてもらう（Ｃ：減税が政策実現の手段になるような場合はそれも認める）。

　この段階で，増税案について生徒が考えるのが難しいようであれば，解決策と税・予算の関係がわかるような事例を取り上げた資料を準備しておいて配布，学習する時間を確保する。例としては，道路財源としての自動車重量税等，戦前に軍事費の増大に対応するために定められた様々な間接税や取引税，社会保障・税一体改革の中での消費税増税等があげられる。また，内外の地方税の事例として，犬税（目的は国などによって様々），ロンドン市の交通対策を目的とした渋滞税などがある。これらの事例を示すことで，増税プランについて考えやすくする。

　財源案を考える上では，後に行う政策発表会を念頭におき，財源案が社会的に妥当なものとして受け入れられるかどうかといった点から吟味し，説明できるようにしておくことを各グループに求める。その際には，前段階で習得した税のしくみや課税原則，財政の三機能などを活用し，財源案の妥当性を論理的に構築することを促す。

❷財源についての政策発表会

　各グループの社会問題解決・財源案を発表する。その際には，案の特徴に加え，なぜそのようなプランが社会的によいと考えたのかという理由について，税や財政の役割という観点も使って説明する。聴き手となるグループは課税原則や財政機能などを活用しながらプランの社会的妥当性を検討し，発表後に実施する質疑において議論を行う。

6 振り返りの実際とポイント

　各グループで発表の振り返りを行った後，全体での振り返りを行う。振り返りは，単なる学習活動で終わらせないための方法であり，その学習活動から何を学んだかを生徒自身に考えさせて引き出す授業方略である。「社会問題解決・財源案によって税のしくみを部分的に変えようとすることが，結局は何を変えることにつながるのか」という点を考えた上で，「税や財政について考えることは，何について考えることにつながるのだろうか」について考える学習を行う。税や財政のあり方を考えることが自分たちの将来の社会を考えることにつながり，税や財政についての正しい知識を使って考えることが主権者として重要であるといった意見や記述が出てくることが望まれる。

7 授業プランのまとめと留意点

　本授業プランは，社会問題解決・財源案の妥当性を吟味するという学習活動を通じて，税や財政のしくみ（役割や原則）を現実の社会状況において活用可能な状態に生徒を育成することをねらいとする。税や財政のしくみに関する知識を情報として習得させるだけで終わらせることなく，現実の社会においてそれらの知識を使えるといった能力のレベルにまで引き上げることを目指している。そのためのアクティブ・ラーニング的な学習活動である。
　したがって，社会問題解決・財源案の実現可能性や目的達成度といった案そのものの内容についての評価よりも，租税と財政のしくみや役割についての知識を正しく活用できていたかどうかという点を重視することになる。
　また，振り返りを通じて，税や財政のあり方を考えることが望ましい社会の姿を考えることにつながるという点に気づいたかどうか，財源案を考えることを通じて税や財政に関心をもつ（監視する）ことの重要性に気づいたかどうかという点が，主権者教育として重要な点になる。

（吉村）

4 STEP1 基本的な知識を活用しながら獲得する
憲法と国民の政治参加について考える新授業プラン

1 授業プラン―全体の流れ

❶事前学習―憲法の基本的な考え方の確認―

本授業プランでは,生徒が模擬憲法制定会議[1]を展開することを通して,憲法の基本的な考え方を活用しながら獲得していく。事前学習では,近代憲法を構成する①主権,②人権保障,③統治機構,④政府の役割を確認する。

❷模擬憲法制定会議

模擬憲法制定会議では,架空の小国において新しい憲法を制定する会議を模擬体験する。生徒を,A王族,B企業経営者,C企業労働者,D公務員,E農民,F社会的弱者の6つのグループに分け,各グループの利益を最大化する①主権,②人権保障,③統治機構,④政府の役割の規定を考える。そして,各グループの憲法草案のメリットをプレゼンする模擬会議を行う。

❸模擬国民投票

模擬国民投票では,生徒に「生まれ変わったらどのグループに所属するかわからない」と思考実験を指示した上で,各グループの憲法草案の中から,もっともよいと考える憲法草案に投票する活動を行う。

❹学習の振り返り

ここでは,生徒一人ひとりが,憲法制定会議で作成した草案と,国民投票で投票した草案の比較を行うワークシートを作成し,学習を振り返る。

2 授業プランのねらいと概要

　主権者である国民にとって最も重要な政治参加は，国家の最高法規である憲法の制定または改正の議論に参加し，国民投票において各々の意思を表明することであろう。なぜなら，どのような憲法を制定するか，またどのように憲法を改正するかによって，主権者は誰なのか，どのような人権がいかなる方法で保障されるのか，憲法によって生まれる公権力をどのように制御するのか，そもそも政府の役割は何かといった国家の根幹に関わる最も重要なしくみや価値選択が行われるからである。

　そのため本授業プランでは，生徒たちが展開する模擬憲法制定会議を中心的な活動として，①主権，②人権保障，③統治機構，④政府の役割という4つの基本要素に関する知識を獲得しながら，活用していくことを目指す。

3 授業プランの工夫点

❶ "憲法典"学習ではなく"憲法"学習を目指す

　本授業プランのポイントは，日本国憲法の規定を逐条的に学ぶ"憲法典"学習ではなく，世界の近代憲法が歴史的に構築してきた人権保障や権力分立といった国制の基礎を学び，そもそも憲法とは何か，なぜ憲法が必要なのかを探究する"憲法"学習を展開することにある。そのために，世界の近代憲法に共通する憲法の基本的な考え方を，生徒自身が教科書を徹底的に活用し習得することをまず支援する。

❷架空状況から現実政治に迫る

　本授業プランでは，架空の小国における憲法制定会議と国民投票を体験していく。しかし，架空状況を設定することで，逆に現実政治の背景にうごめく利益対立，価値葛藤，イデオロギー対立などに迫るように教材を工夫する。

4 事前学習の実際とポイント

　事前学習では，模擬憲法制定会議で必要となる論点を整理するために，政治・経済等の教科書を活用し，表1の憲法の各要素を確認していく。

表1　憲法の基本要素と論点

要素	①主権	②人権保障	③統治機構	④政府の役割
論点	君主主権↔国民主権	自由権↔社会権	集中↔分立	大きい↔小さい
事例	君主主権 （絶対・立憲） 国民主権 （直接・間接）	○自由権・参政権 　平等権 ○社会権・請求権	大統領制 議員内閣制 一党独裁制 寡頭制	大きな政府 （高税率高福祉） 小さな政府 （低税率低福祉）

　①主権については，まず君主主権か国民主権かの論点を確認する。君主主権については，絶対的な権力を誇った絶対君主，君主の権限を憲法下におく立憲君主といった概念を確認する。国民主権については，直接民主制・間接民主制，制限選挙・普通選挙といった概念を整理する。

　②人権保障では，自由権・平等権・参政権といった市民としての基本権を中心に保障するのか，それとも広範な社会権や請求権など幅広い権利保障を展開するのか。また，広範な社会権を保障する場合，巨額の予算が必要となるが，財産権や租税の規定をどのように考えるか，といった論点を確認する。

　③統治機構では，一党独裁制や寡頭制のように，権力を集中させる方向なのか，アメリカ型の大統領制や日本の議員内閣制のように，権力を分立させる方向なのかといった論点を確認する。

　④政府の役割では，大きな政府を志向するのか，小さな政府を志向するのか。また夜警国家（国防，治安などの最小限の役割に徹する），立法国家（市民による議会と立法を重視する），行政国家（官僚による政策と行政を重視する），福祉国家（高福祉の実現を目指し，国民生活に積極的に介入する）といった基本的な国家観を整理する。

5 模擬憲法制定会議

　模擬憲法制定会議は本プランの中心的な活動である。ここではまず，クラス全体で，以下のストーリーを読み，各グループの構成員や立場を確認する。

架空の島国「ビッグアイランド」の憲法制定会議

　ビッグアイランドは，人口100万人ほどの島国である。島は自然環境に恵まれ，リゾートを中心とする観光業，天然資源の掘削業，果物を中心とする農業が主な産業である。島の中心には巨大な湖がある。古来，島の水に関する神事や水利権を管理する役割を王族が担っている。

　従来，この島は大陸の大国の一部であった。しかし，独自の文化を形成し，経済基盤も整備され，島民の独立心も旺盛であった。独立の賛否を問う住民投票では，圧倒的多数の島民が独立を支持した。その後，大国と平和的に交渉し，独立を果たした。

　そこで，島民の主な構成員であるA王族，B企業経営者，C企業労働者，D公務員，E農民，F社会的弱者の各グループが，個別に憲法草案を作成し，それらを持ち寄り，憲法制定会議を行うことになった。最終的には，国民投票によって過半数の支持を得ると憲法が成立する。

　上記のストーリーを読んだ後に，クラスをA王族，B企業経営者，C企業労働者，D公務員，E農民，F社会的弱者の6つのグループに分ける。そして，グループの利益を最大化し，国民投票において過半数の支持を得られる草案を考えるグループ別会議を行う。会議では，まず各グループを構成する人々のイメージを共有する。そして，①主権，②人権保障，③統治機構，④政府の役割に関する4つの憲法条文を考えていく。

　例えば，王族グループを構成する人々は，王家，王家の親族，王族が営む神事の関係者，王家が管理する水利業務に従事する関係者，さらに，心情的に歴史ある王族を支持する人々などである。表2のように，グループの人々の利益を最大化しつつ，国民投票で過半数の票を得られる憲法草案を考える。

表2　A王族グループの憲法草案例

①主権	②人権保障	③統治機構	④政府の役割
我が国の主権者は，国王である。国王はこの憲法に基づき，古来，水に関する神事を司っている王族から選ばれる。 **立憲君主制**	我が国の国民は，個人として尊重される。国民の生命，自由，幸福追求の権利は，国王といえども侵害できない。 **自由権中心**	国王の協力機関として，普通選挙に基づく議会をつくる。議員の中から内閣総理大臣，国務大臣が選ばれる。 **議員内閣制**	我が国は，小さな政府を志向し，治安，防災，防衛を政府の主な役割とする。個人の財産権を尊重し低税率を目指す。 **小さな政府**

　A王族グループでは，王族の利益を最大化するために，「立憲君主制」を採用し，議会と内閣を国王に協力する機関とする「議員内閣制」を提案している。また，国民の支持を集めるために，国王も侵すことができない「自由権」を明確に宣言し，さらに低税率の「小さな政府」を志向する。

　これに対して，D公務員グループの憲法草案例は，以下のようになる。

表3　D公務員グループの憲法草案例

①主権	②人権保障	③統治機構	④政府の役割
我が国の主権者は，年齢や能力を問わず，すべての国民とする。子どもなど後見人が必要な場合，親族が代理人となり投票する。 **国民主権**	我が国の国民は，出生から老後まで，文化的で人間性豊かな生活を保障され，高福祉を受ける権利を有する。 **社会権中心**	立法・行政・司法の権限は，官僚試験に合格した公務員が担う。官僚試験の内容と方法は主権者である国民が定める。 **寡頭制**	我が国は，大きな政府を志向し，すべての国民の生活環境，医療，福祉，教育，余暇活動を最大限増進する。 **大きな政府**

　D公務員グループは，広範な「社会権」の保障を掲げ，「大きな政府」を志向し，公務員の仕事と責任を増やすことで，グループの利益の最大化を目指す。また，官僚による「寡頭制」を宣言し，権力を官僚に集中させる行政国家を志向する。しかし，すべての国民を主権者として投票権も与え，官僚試験の内容と方法を国民が審査することで，官僚権力を監視させようとする。

　以上のような憲法草案を各グループで作成する。その後，そのメリットを主張するプレゼンをクラス全体で行う。

6　模擬国民投票

　模擬国民投票では，生徒に「生まれ変わったらどのグループに所属するか

わからない」と思考実験を指示する。そして，自分が所属していたグループにこだわらず，各グループの憲法草案の中から，国民として，もっともよいと考える憲法草案に投票する。ポイントは，「生まれ変わる」という思考実験を促すことで，様々な立場の人々が合意ないし妥協できるポイントを生徒自身が探究していくことにある。

7 学習の振り返りとポイント

学習の振り返りでは，生徒が，模擬憲法制定会議で作成した草案と，国民投票で投票した草案の比較を行う。同じ草案に投票した場合は，その理由をワークシートに記入する。違う草案に投票した場合は，2つの草案の比較と投票の決め手，理由をワークシートに記入する。ここでは，最終的に生徒自身が何を重視し，投票したのかを振り返る。

8 授業プランのまとめと留意点

本項では，憲法の基本的な考え方に関する知識を活用しながら，憲法草案を作成することで，憲法議論の背景にある利益対立，価値，イデオロギーに迫る授業プランを提案した。なお，利害対立の認識だけで終わらず，すべてのグループが妥協できる1つの草案を，クラス全体で考える応用的活動も展開したい。

(中原)

[注]
1) 模擬憲法制定会議は，アメリカ合衆国の主権者教育において頻繁に見られる授業方法である。例えば，National Constitution Center and Teacher's Curriculum Institute, *Government Alive! Power, Politics, and You-Lesson Guide*, Teacher's Curriculum Institute, 2009, pp13-24を参照されたい。なお，本授業プランは，アメリカ合衆国の模擬憲法制定会議の授業方法を応用し，筆者が我が国の高校生向けに内容のすべてを開発したものである。

STEP2　知識を活用し問題についての意思決定力を育てる
1　身近な地域の問題を考える新授業プラン１

1　授業プラン―全体の流れ

　この授業プランは高等学校公民科「政治・経済」「現代社会」の単元「地方自治」において，地域の課題である「新潟市のBRT[1]導入」を事例として取り上げ，ワークショップ型授業に基づくフォーラム形式として構成する。

　授業では「フォーラム運営」，「マス＝メディア」，「新潟市」，「交通」，「中央区・西区」，「東区・北区」，「江南区・秋葉区・南区・西蒲区」のグループに分け，グループワークを中心に授業を進める。

❶グループワークによる事前学習（第１限，第２限）

　グループを中心として第３限のフォーラムで発表するための資料作成を行う。第１限では生徒各自が新潟市のBRT導入によるメリット・デメリットについて，資料やインターネット検索により明確化し，付せんに記入する。第２限では，第１限に調べた内容に基づきグループ内発表を行い，その後グループの主張や提案を決定し，フォーラムでの発表用シートの作成や役割分担などの準備を行う。

❷フォーラム・模擬投票の実施（第３限）

　フォーラムでは各グループの主張や提案を発表し，質疑を行う。フォーラム後に，クラス全体で模擬投票を行う。投票においてはグループの主張や提案を離れて，個人の考えで投票する。

2 授業プランのねらいと概要

　学習内容について，高等学校公民科ではこれまで地方自治の単元において地域の問題について取り上げることは少なかった。地域づくりの担い手にふさわしい主権者となるための能力を形成するために，今後地域の課題について当事者意識をもって考えさせることが重要である。授業プランでは，生徒の多くが日常的に通学などで利用する新潟市内のバス運営に関わるBRT導入を事例として取り上げる。

　ワークショップ型学習では，新潟市内のバス運営だけではなく，公共交通政策と将来の新潟市のまちづくりとの関わりについて考察させ，BRT導入の第2期導入経路のあり方について，議論して考え，判断できるようになることを目指す。BRTの導入目的が，新しいバス路線の新設だけではなく，新潟市のまちづくりそのものに大きな影響を与えることを認識させ，観光や地元経済の発展などについて各グループの立場からの主張や提案を行うことで，街づくりに対する意識を深め，政治参加の重要性を理解させ，積極的かつ主体的に取り組む姿勢や態度の形成につながる諸能力の育成を図る。

3 授業プランの工夫点

❶身近なテーマを取り上げる

　新潟市長選挙（2014年11月）で，争点の一つになった新潟市のBRT導入を事例として取り上げる。

❷ワークショップ型授業，フォーラム形式，模擬投票

第1限　調べ学習，グループワーク（付せんを用いた意見の抽出）
第2限　グループワーク（付せんとマジックシートを用いた原稿作成）
第3限　ワークショップ型授業，フォーラム形式（話し合い・考察・発表），

模擬投票，振り返り

4 事前学習の実際とポイント

❶プレ調査
プレ調査を実施し，授業前の BRT に対する認識を確認する。

❷第１限　グループワーク，調べ学習
　コンピュータ教室で実施，新潟市の BRT に関する資料を配布・説明した後，BRT 導入のメリット・デメリットについて考察し，生徒各自が付せんに記入する。

　１グループ６名〜７名で「フォーラム運営」，「マス＝メディア」，「新潟市」，「交通」，「中央区・西区」，「東区・北区」，「江南区・秋葉区・南区・西蒲区」の７グループに分ける。それぞれのグループが果たすべき役割を考察し（表１），BRT 導入によるメリット・デメリットについて記入した付せんを中心に，各自がグループ内発表用の資料をまとめる。事前配布資料などで不明な内容は，インターネットで検索を行い，調べた内容を付せんに記入する。

表１　各グループの目的・内容

グループ名	グループの視点
フォーラム運営	フォーラムの運営，論点の整理，質問の作成，投票・開票・結果の発表
マス＝メディア	情報収集・整理，世論の動向，フォーラムのはじめに選択肢・論点の整理
新潟市	「にいがた未来ビジョン」（まちづくり，まちなか再生，健幸都市づくり）から考察
交通	「にいがた交通戦略プラン」から考察（快適に移動できるまちづくり，持続可能な公共交通体系の構築）
中央区・西区	中央区・西区住民の視点から考察（地域の将来性）
東区・北区	東区・北区の視点から考察（地域の将来性）
江南区・秋葉区・南区・西蒲区	江南区・秋葉区・南区・西蒲区の視点から考察（地域の将来性）

5 ワークショップ型 フォーラムの実際とポイント

❶第2限 グループワーク

　教室でグループ別に着席し，第1限に各自が考察し付せんに書き出したBRT導入のメリット・デメリットについて，マジックシートに貼りつけながらグループ内で発表する。同じような内容については付せんをまとめることで，メリット・デメリットを整理させ，発表用の資料を作成させる。

　次に各グループの立場に立って，フォーラム発表用の資料を作成する。グループワーク（話し合い・考察・発表内容決定）では，「将来の新潟市の都市計画」（未来ビジョンのうち，交通以外の要素を参照：文化・伝統・歴史，観光，経済），「将来の新潟市の公共交通のあり方」（高齢者・障がいをもつ人・学生，環境），「各区の公共交通のあり方」（交通の利便性，地域の特色）について考察させ，各グループの主張や提案をまとめる。

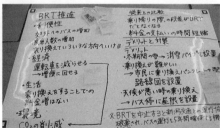

❷第3限　フォーラム・模擬投票

「フォーラム運営グループ」が進行表を作成し，それに基づき司会進行を行う。

はじめに「マス＝メディアグループ」は，前時までの各グループへの聞き取り調査から，各グループの主張や提案などBRT導入における争点の整理を行い，発表する。

次に「新潟市グループ」は，新潟市の立場からBRT導入による新しいまちづくりの目的などについて主張と提案を行う。

次に「交通グループ」は，BRT導入による公共交通の利便性などについて，主張と提案を行う。

次に「中央区・西区グループ」，「東区・北区グループ」，「江南区・秋葉区・南区・西蒲区グループ」の順でそれぞれの地域におけるBRT導入のメリット・デメリットなどや，地域の交通事情，地域経済の発展などの視点から主張と提案を行う。

また，それぞれの発表に対して，質疑を行う。

その後，模擬投票を行い，「フォーラム運営グループ」が開票を行う。

開票後,模擬投票で選ばれなかったグループから,今後の運営に対して要望を述べさせる。また選ばれたグループから今後の運営に対して問題点をどのように解決していくかを述べさせる。

最後に振り返りシートの記入と,ポスト調査を実施する。

(田中)

[注]
1) BRT:バス・ラピッド・トランジット(bus rapid transit)。新潟市では連結バスを購入し運用。

STEP2 知識を活用し問題についての意思決定力を育てる
2 身近な地域の問題を考える新授業プラン2

1 授業プラン―全体の流れ

❶「身近な地域」の問題状況を把握し，調べ学習を行う

具体的な資料（徳島県の総人口の推移）から，自分たちの身近な地域において「過疎化」が進んでいることを理解させ，「過疎化」が進んでいる徳島県において，行政はどのような政策をとっているかを調べさせる。

❷政策の目的を分析する

調べてきた政策の特徴について発表の目的に着目させ，2つの観点（産業，人口）から，大きく4つの目的（「まちのよさを知ってほしい」，「イベントでまちを知ってほしい」，「住みやすいまちになってほしい」，「働けるところをつくってほしい」）に分類させ，政策モデルとして理解させる。

❸政策の可能性を吟味する

政策にかける年間の予算を設定し，4つの政策モデルのうち，どれに，いくら予算配分するかを話し合わせ，発表させる。発表の際，その理由を述べさせることによって，政策モデルの利点・欠点を議論し，整理させる。

❹意思決定パート

❸の話し合いを踏まえ，個人で予算配分について考えさせる。次に，徳島県の予算配分の現状を示し，自身の判断との相違点について考察させる。最後に，今後，どのような政策をとるべきかについて自身の意見を考察させる。

2 授業プランのねらいと概要

　政策の提言ではなく，生徒にとっての身近な地域で行われている政策の特質を理解し，将来的な地域像を描きながら，どの政策にどれくらいの予算を配分するかという実際に行政が行っている意思決定場面の再現を意図したものである。地域の問題を解決するための政策を行う予算は限られている。そのため，生徒に「将来，自分たちの地域はこうあってほしい」という根拠のある展望をもってもらうというのが本授業プランのねらいである。

3 授業プランの工夫点

❶教材の工夫

　徳島県庁のHPに掲載されている「徳島県の平成27年度当初（骨格）予算の主な事業[1]」の84の政策の中から主に過疎化対策にあたる12の政策を抽出し，それらの政策の概略を整理したものを教材として生徒に用意した。

❷学習活動の工夫

　政策を調べるにあたり，個人→グループ→全体という順序で行った。
　4，5人のグループに分け，12の政策のうち，調べる政策の担当を決めた。個人での調べ学習（宿題）を踏まえ，グループ内で政策についての情報共有を行わせた。最後に，それぞれのグループに発表させ，全体で12の政策についての情報を教室全体で共有させた。

❸教具の工夫

　円滑な調べ学習とグループ活動を行わせるために，それぞれの学習形態に合わせたワークシートを作成し，「調べ方」や「まとめ方」など記述例を示した。これにより，活動に対する戸惑いの軽減をねらった。

4 事前学習の実際とポイント

❶「身近な地域」の問題状況を把握する

教科書から,「過疎化」の定義を確認し,この現状に対し,徳島県が行っている12の政策の特徴について調べてくるように指示する。

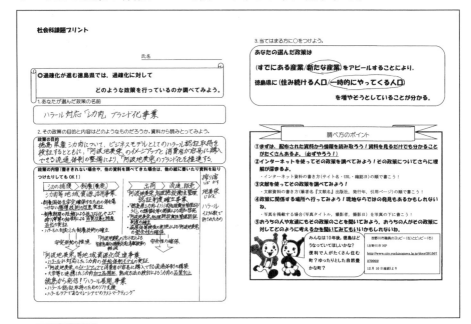

ポイント

○各政策を簡潔にまとめた資料を添付する。
○政策の目的について,「産業」,「人口」の2つの側面から考察するように支援する。

---

❷政策の目的を分析する

調べてきた政策の目的に着目させる。具体的には,「産業」と「人口」の2つの観点をもとに,これらの政策が目指している将来の地域の姿(「まち

のよさを知ってほしい」,「イベントでまちを知ってほしい」,「住みやすいまちになってほしい」,「働けるところをつくってほしい」)を捉えさせ,政策モデルとして理解させる。

話し合いでは,以下のワークシート,板書により,4つの政策モデルの違いを視覚的にも捉えることができるよう手立てを講じる。

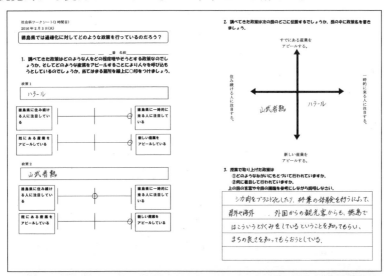

> **ポイント**
> ○個々の政策の概要から政策カテゴリーへの一般化を意識できるよう,机間巡視などを通して支援を行う。

❸政策の可能性を吟味する

予算を設定し（ここでは30億円），県知事の立場から，4つの政策モデルのうちのいずれにいくら使うかをグループで話し合わせる。話し合いの論点を絞らせるために，予算は2つのカテゴリーまで（15億円×2）かけられるとする。

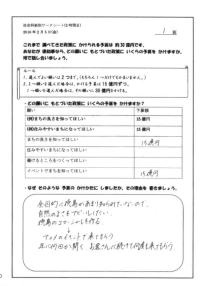

また，4つの政策モデルそれぞれの利点／欠点を比較することを通して，予算のかけ方を考えるよう，支援する。

次に，グループでの話し合いの結果を発表させ，4つの政策モデルの利点・欠点を黒板に整理し，クラス全体での共有を図る。

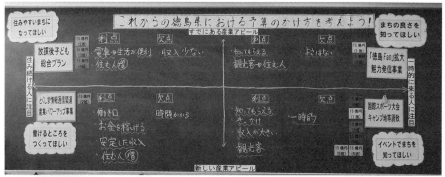

> **ポイント**
> ○抽象的な議論にならないよう，調べ学習の内容を用いた具体的な政策に基づいた説明となるよう支援を行う。

❹意思決定パート

政策モデルについての理解を踏まえ，生徒個人で予算配分について考えさ

せる。この際，合計で30億円であれば，「願いはいくつでも選んで OK」，「予算のかけ方も自由」であるというルールを設定し，政策全体への考察を促す。また，政策の可能性吟味で整理した「利点」，「欠点」を踏まえ，理由を明確にした意思決定ができるよう支援する。

最後に，生徒が取り上げた政策の徳島県全体の予算に対する実際の割合を示し，自身の意思決定の内容との比較を行わせる。

5 まとめ

　地域についての将来像をもつこととそれを地域全体で共有すること，そして，将来像を現実のものとするために必要な政策を選択することは，地域の課題を解決していく上で必ず考えるべきものといえる。しかし，同時に，政策選択は当該地域の予算に規定され，無尽蔵に行えるわけではないこともまた，考えなければならない。この点を踏まえ，本授業では，実際に徳島県が行っている政策とその予算配分を取り入れることで，より実践的な主権者としてのシミュレーションを意図した点に特徴がある。

　「将来徳島はこうあってほしい」という展望は必要であるが，理想や理念だけでは地域の課題は解決できない。現実的な選択とその選択に対する責任を自覚できる主権者こそ，地域の担い手として必要とされているのではないだろうか。

（井上・益井）

[注]
1）http://www.pref.tokushima.jp/docs/2015012900192/（2017年2月21日確認）
＊益井翔平「中等社会系教科の意思決定における学習支援の論理：単元「どうあってほしい？徳島の未来」を題材として」『社会認識教育学研究』，第31号，2016年，pp.21-30。

3 STEP2 知識を活用し問題についての意思決定力を育てる
国の政策課題を考える
新授業プラン１

１ 授業プラン―全体の流れ

　福島第一原発事故で放射性物質が国土に飛散し，事故後６年が経過しても故郷に帰れない人々がいる。このことや，放射性物質が人体や自然環境に与える影響は，日常的な知識や理科学習の知識として既習と思われる。

❶事前に課題をもって調べる

　地震・津波や火山噴火の多い日本で，近隣の原発が，どのような対策をし，どのような住民の避難計画を立てているのかを調べる。このようにすると，全国の多くの地域で可能な実践になる。本稿では川内原発を事例とする。

❷政策について議論する

　事前学習で調べたことをもとに，薩摩川内市の川内原発の再稼働をめぐる論争点，背景について，３つの視点で考えをまとめ討議を行う。３つの視点は，(1)再稼働について国民か原発地元民の声か，どちらを優先させるか，(2)原子力発電所の火山噴火への安全対策は十分か，(3)火山噴火が起きたときの住民の避難計画は十分にできているか，である。

❸最終結論の意見文を書く

　政策議論を行いながら，自分の意見に対して寄せられた反論に対して反駁したり，どこで折り合いがつくのか考えたりして，様々な立場の人々が幸せになれることを考慮しながら，最終結論を意見文として書く。

2 授業プランのねらいと概要

　日本政府は2014年4月に閣議決定したエネルギー基本計画で，原子力発電を「重要なベースロード電源」と位置づけ，安全性に配慮しながら再稼動する方針を示した。国の政策として原発を取り上げる場合には，放射性廃棄物の問題，特に，原発使用済みウラン燃料等の高レベル放射性廃棄物の処分について議論することが考えられる。根源的な問題であるにもかかわらず，未だにどの国も解決ができていない。近年，日本沿岸20km以内の海底下に処分するとの報道もされており，これこそ優先的に議論すべき問題かもしれない。
　しかし，本稿では，福島第一原発事故以降に停止させられている各地の原発再稼働について考えることにした。そのことを通して，再稼働決定への議論へ参画する権利がなく，原発による利益も得られないにもかかわらず，原発事故が起きた場合には害を被る市町村があること自体を，「公正」という価値の面から，どのように判断するのかを考えさせたい。決め方そのものを論じることは民主主義の問い直しに通じるためである。

3 授業プランの工夫点

❶誰が，原子力発電所の再稼働を決めるのが望ましいか考える

　福島第一原発のような事故が起きれば，原発が非立地の市町村でも，原発による利益はないのに害だけは被ることになる。しかも再稼働決定への議論にも関われない。このような問題を公正の面から考え直す。そのためには，「誰の声を優先するのか」という問題をつくる。

❷トランスサイエンスの視点から"アマチュア市民"として考える

　火山に近い川内原発では噴火対策も進められた。その妥当性について専門家の説明を読み，"アマチュア市民"の感覚で判断をする。誰もが専門家に

はなれないが,それを判断できる感覚や判断力は育てておきたい。

4 事前学習の実際とポイント

ここでは,1-❷-(2)原子力発電所の火山噴火への安全対策は十分かに関連した資料を示す。川内原発では,福島第一原発の事故以後に改善した点を,HP(http://www.kyuden.co.jp/torikumi_nuclear.html)で公開している。高校生なら原発の地震対策や火山噴火対策の妥当性を議論することも可能であろう。再稼働に反対する環境団体などのHPにも多様な見解が掲載されているので,それらをもとに資料化を図るとよい。今事例では,2014年7月24日放映のテレビ番組,モーニングバード「そもそも総研たまペディア」で「火山が噴火しても原発は問題ないのだろうか？」という特集の内容を,生徒に示してみた。以下は,火山噴火によって電源喪失を起こした原発に必要なディーゼルエンジンを稼働させる際の問題点である。コメンテーターは次のように語っている。「ディーゼルエンジンが設置された部屋にも,細かい火山灰は侵入します。ディーゼルエンジンを動かすためには,エンジンの中に,空気を送らないといけません。そこには,フィルターがついています。しかし,火山灰が,エンジンのある部屋に入ってくると,フィルターがつまって,エンジンが止まるか,エンジンが冷やされずに熱くなり,エンジンが焼き付いて止まってしまいます。ディーゼル発電機は,今のままだと,短い時間のうちに停止してしまうと思います」と。このように電力会社側とそれを批判する有識者の見解を調べていくことで原発についての科学的な知識も使えるようにする。

5 政策討論会の実際とポイント

1-❷-(1)再稼働について国民か原発地元民の声か,どちらを優先させるか,に対応する話し合いの場面である。

右の資料は川内原発再稼働に関わる薩摩川内市民の意識である（参考：「NHK NEWS WEB 原発の再稼働 若い世代に賛成多い傾向」2014年11月8日，http://archive.fo/3Lygl）。

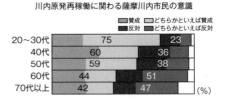

この資料を読み取った後に話し合ったことを，以下に記した。

T1：地元の人の意見を聴いて再稼働するのかどうかを考えたいと言った人がいましたね。NHKの世論調査では若者の70〜80％が再稼働に賛成でしたね。
C1：若い人の賛成が多い。75％賛成しているんだから。
C2：若い人の意見だけ聞いてもね……。年寄りのほうが知恵がある。
C3：多いといっても，年齢ごとに反対の人もいる。だから，そういう（反対の）人もいるから聞いたほうがよい。
T2：「国民の声も聞いてほしい。若い世代に命の大切さを教えたい」と再稼働に反対の人たちは，日本全体に被害が及ぶので，薩摩川内市民だけの意見を聞くのではダメだと言っている。ここは議論しよう。
C4：以前は地元の声を聞くとよいと言っていたのに，今だけ再稼動反対を通したいから地元の声を聞くのに反対するのは自己中心的でないでしょうか。
C5：事故で影響を受けるのは地元だから地元の声を優先する。

ポイント

福島第一原発事故で故郷を失った人々のことを想った生徒の多くは，地元の薩摩川内市民は原発再稼働に反対していると思い込んでいた。意外な点から議論を始めて，多様な考え方に気づかせたいと考えた。

T3：次は，全国の声を優先させるという人は自由に意見を言って下さい。
C6：川内原発再稼働は国レベルの問題。全国に迷惑をかけないでほしい。
C7：地元の利益のためだけに国全体を危なくする川内原発再稼動に反対。地元の人は，事故で放射能が地元以外にも飛ぶことをわかってほしい。
C8：再稼働に反対した国民も，被害にあうというのはひどい話なので，国

民全体に聞いた方がよい。(これに類似した発言が続く)
C9：地元でも「命を売るな」と呼びかけているデモもある。

> **ポイント**
> 　地元薩摩川内市民の中にも再稼働賛成・反対の両方の意見があり，それは国民全体でも同じようなことが起きていることを押さえた。特に，C7，C8の発言には，原発の非立地市民の思いが込められている。これは，福島第一原発事故の際に，原発と無関係であるにもかかわらず放射性物質が大量に降った地域の人々の思いを汲んだ発言と考えられる。

6 振り返りの実際とポイント

❶誰の声を優先して決定するのかを考えさせる

　意見文の例　「私は視点(1)で，原発の地元の薩摩川内市民の声を優先する。自分のところに原発を置かれたら，すごく怖い人もいるだろうけど，国民全体の人にはその怖さがわからなく，発電量のことしか考えないで，もしくは，CO_2で地球温暖化になることを心配している人がほとんどだったら，当然「賛成」が多くなってしまう。薩摩川内市民の人々には，「反対」の人がいるのだから，自分のまちに原発をつくられた人の気持ちがわかる。その人たちは，「危険」なことがわかっているのだから，私は，いくら賛成の人がいても「発電量」，「地球温暖化にならないように」などの規準よりも，「人々の安全」を大切にしたいから，再稼働するべきでないと思う（後略）」。

❷川内原発再稼働への生徒の意思決定の概要と，その理由と分類

　「国民の声を優先」して川内原発再稼働に「賛成」した生徒の主な理由は，「川内原発は色々な人に被害を与えるから国民の声を聞いた方がよいし，深刻なことだから」などであった（Ⓐ）。「国民の声を優先」して，川内原発再稼働に「反対」した生徒の主な理由は，「川内原発が爆発すると日本全体が

被害にあうから地元がどうのこうのではなく，国民全体で考えるべき問題だと思う」などであった（Ⓑ）。「薩摩川内市民の声を優先」して，川内原発再稼働に「賛成」した生徒の主な理由は，「もしも原発事故が起きたら賛成した地元の人の責任になる」「地元の人がOKを出さないと強引みたいだから」，「地元は危険は覚悟の上だから再稼働賛成」などであった（Ⓒ）。「薩摩川内市民の声を優先」して，川内原発再稼働に「反対」した生徒の主な理由は，「国民には原発の恐ろしさがわからないから」，「『どちらかと言えば賛成』の人が多いので，安全面では反対の人が多いと思うから」，「事故の被害が一番大きくなるのは薩摩川内市民だから」など（Ⓓ）であった。

> **ポイント**
>
> 　Ⓐ・Ⓑの立場は，原発再稼働は国政の場で論じたい，または，国民投票で決定したいことに親和性がある。Ⓒ・Ⓓの立場は，地方の自治として論じ決定したい，または，住民投票で決定したいことに親和性のある考え方である。自分が誰の声を優先して決定をしたいと思っているのか自覚させることが，この学習の肝でもあると考える。

7　授業プランのまとめと留意点

　今まで，原発再稼働の問題は国家の問題として捉えられ，どの程度まで地方のことに配慮して意思決定をすべきかという考え方で議論がなされてきた。これからは国家の問題として考えるべきなのか，最も直接影響を受ける地方の方の声を優先すべきなのかを中心にすえながら議論ができる生徒を育てたい。
　福島第一原発事故で被害にあった原発非立地市町村には，近隣原発の再稼働の問題について，その意思決定に参画する権利がないことの是非を論じたり，再稼働によって利益や損害がどの程度生じるのかという問題と関連づけて論じたりできるような考え方を身に付けたい。そして，遠いところで起きている問題についても関心をもち考えられる主権者を育てていきたい。　（岡田）

STEP2　知識を活用し問題についての意思決定力を育てる
4 国の政策課題を考える新授業プラン2

1 授業プラン―全体の流れ

❶事前学習

　本授業実践は，高等学校公民科単元「原発再稼働問題」である。佐賀県は玄海原発を有しているが，他の地域同様，停止したままである。川内原発の例を受け，佐賀県も原発再稼働について議論が再燃している現状がある。このように，原発再稼働の問題は日本の未来を決める重要な政策の一つであることは明らかであろう。事前学習では，原発再稼働問題の概要を新聞，文献によって情報収集し，政策決定をしていく必要性について指導していく。

❷政策討論会「原発再稼働の是非」

　政策討論会では，「原発再稼働に賛成か反対か」について議論させる。賛成派は，電気料金が安価になること，電力の供給が安定することを主張する。一方，反対派は，安全性に疑問があること，新エネルギーへの移行を妨げることを主張する。これらの主張をそれぞれ批判的に検討し，どちらの主張がより優勢であるかについて意思決定させていく。

❸学習の振り返り

　学習の振り返りにおいては，第三者からの評価を受けることとする。それを踏まえ，自らの意思決定を反省的に考察させて新たな意見文を作成していく。なお，第三者として原発の専門家などへ依頼する。なぜなら，市民社会において意味や価値を有する意見文としたいからである。

2 授業プランのねらいと概要

❶授業プランの概要
　東日本大震災を受け，現在多くの原発は停止している。一部の原発は再稼働に踏み切っているが，一方で反対派の動きも活発である。佐賀県も玄海原発を有しているので，市民討論会などが実施されてきた。このような，原発再稼働について議論し，意思決定していくことは主権者として重要であることは明らかであろう。これらの概要を踏まえ，次のようにねらいを設定した。

❷授業プランのねらい
　原発再稼働の議論について市民として主張を述べることができる。その際，原発再稼働に関する事実を基に，討論を行うことができる。さらに，討論を踏まえて，原発再稼働に関する意見をまとめさせることも学習目標としたい。

3 授業プランの工夫点

❶現実の社会的論争への参加
　授業プランの工夫点の第一は，現実の社会的論争への参加としたことである。「原発再稼働問題」は，現実の社会において様々な議論がなされている。もちろんその問題に対して正解はない。そのため，よりよい解決策を求め，学習者は社会的論争へ参加していくことが可能となろう。

❷第三者による評価
　授業プランの工夫点の第二は，第三者による評価を行うことである。第三者の評価により，「原発再稼働の是非」は市民社会において意味や価値を有するものとなる。そうすることで，主権者として成長していくことが可能となっていくのである。

4 事前学習の実際とポイント

❶「原発再稼働問題」の概要

2011年に起こった東日本大震災により,福島第一原発は甚大な被害にあった。それ以降,原発は停止状態になり,2016年現在では一部の原発が再稼働している状況である。しかし,一方で原発再稼働への反対運動も見受けられる。したがって,第1時は「原発再稼働問題」の概要を理解させたい。特に,単元を貫く問いとして「原発再稼働問題について考えよう」を設定する。

❷原発再稼働問題の論争分析

第2時は原発再稼働問題に関する賛成派,反対派の論争分析を行う。もちろん論争の論点は様々であるが,次のようにまとめる。まとめる際のポイントは,次のとおりである。

> **ポイント**
>
> 論争分析においては,トゥールミンの議論のレイアウトを活用することが考えられる。すなわち,結論(claim),データ(data),理由づけ(warrant),理由づけの裏づけ(warrant of backing)である。しかし,それは特定の状況においてしか正当化できないことも留意したい。

賛成派の主張は,第一に「コストが安価になること」である。さらに理由については「石油や天然ガスに比べ,ウランは安い。したがって,結果的にコストは安くなる」ことをあげる。加えて学習者は石油,天然ガス,ウランの価格を具体的に調べることとなる。第二に「電力の安定供給が可能なこと」である。さらに理由については「石油や天然ガスは原発に比べると発電力が小さく,再稼働によって電力供給は安定する」ことをあげる。加えて学習者は原発と他の発電方法との発電力を比べることとなる。

一方,反対派の主張は,第一に「安全ではないこと」である。さらに理由

については「原発の安全性は証明できないため，危険性は常にある」ことをあげる。加えて学習者は原発の危険性について調べていくこととなる。第二は「新エネルギーへの移行を妨げること」である。さらに理由については「原発への回帰により新エネルギー移行への技術開発が遅れることになる」ことをあげる。

　以上のように，論争分析においては賛成派，反対派の主張をそれぞれまとめる。それを踏まえて，政策討論会へ臨むことができるように指導していくこととしたい。

5　政策討論会の実際とポイント

❶政策討論会「原発再稼働の是非」についての意見発表

　賛成派の主張は，例えば次のようなものがある。

> 　原発再稼働について賛成である。理由は，次の2つである。第一の理由は，コストが安価になるからである。実際，ウランは石油や天然ガスに比べて安い。第二の理由は，電力の供給が安定するからである。実際，新エネルギーの技術はいまだ発展途上である。

　一方，反対派の主張は，例えば次のようなものがある。

> 　原発再稼働について反対である。理由は，次の2つである。第一の理由は，安全ではないからである。実際，福島第一原発で事故が起きている。第二の理由は，新エネルギーの技術の向上を妨げるからである。実際，原発回帰により新エネルギーの技術の停滞が考えられている。

❷政策討論会「原発再稼働の是非」についての反論

　意見発表後は，相互に反論し，論点を明らかにしていく。例えば，賛成派

への反論は次のようなことがある。

> ・原発は施設の処理費用などを含めると安いとは言えない。
> ・電力は安定するかもしれないが、他の方法でも可能である。

一方、反対派への反論は次のようなことが考えられる。

> ・日本は最も安全性の基準が高い。だから、危険性は低い。
> ・新エネルギーは原発の発電量を賄う量ではない。

このように反論を相互に行うことで自らの意見の不十分な点を明らかにすることができる。反論の指導については、次のことがポイントである。

ポイント
・相手の根拠の誤りを指摘し、相手の議論は正しくないと述べること。
・根拠が正しくないことを述べるには、類似の議論などの議論の類型を理解させること。

6 振り返りの実際とポイント

❶意見文の作成

振り返りでは、政策討論会「原発再稼働の是非」を踏まえて、自らの意見文を作成していく。例えば、賛成派の意見文は次のようなものが考えられる。

> 原発再稼働に賛成します。なぜなら、原発の再稼働は日本の経済をよくするからです。具体的にいうと、原発に戻すことでコストが安くなります。コストが安くなれば、電気料金は安くなり、会社も電気料金を安くすることができます。相手は他の方法でもよいと言いましたが、原発

は火力発電などよりも多く発電するからコストが安くなると考えることができます。次は，安全面です。日本は他の国よりも安全基準が高いと思います。それに日本の技術は他の国よりも高く，東日本大震災を踏まえてさらに技術を高めることができると思うので安全だと思います。

❷第三者による評価

前出した意見文に対して第三者は次のような評価を行う。

　原発再稼働について賛成の立場からよりよく意見文を書くことができている。コストが安くなること，安全性は高いことはいろいろなところで言われている。そのことを踏まえ，賛成という結論を導いていることについては納得する。しかし，現実は賛否が分かれている。どのようにしてどちらか一方の結論に導くかについても考えていく必要があるのではなかろうか。
観点（決定についてどのようにすべきか）

このように，第三者を評価者として取り入れることで，学習者は新たな観点をもつことができる。すると，誰を第三者の評価者として依頼するかが重要なポイントとなろう。

7 授業プランのまとめと留意点

授業プランのまとめにおいては，第三者からの評価を受け，再度意見文を修正させる。新たな観点を取り入れ，意見文を修正していく。そうすることで，意見文の内容は，市民社会においてもさらに意味や価値をもつことになると考えられる。そのことは，学習者を主権者へと変容させることにつながることとなろう。

（田本）

5 STEP2 知識を活用し問題についての意思決定力を育てる
国際社会の問題を考える新授業プラン

1 授業プラン―全体の流れ

○単元名「国際社会からみた領土問題―日韓両国における『竹島』『独島』」

❶パート1（導入）「領土問題とは何か」

　パート1では領土及び領土問題の定義について共通理解する。一般的に「領土」という言葉からは「土地（資源）」「共通の法や制度（統治）の及ぶ範囲」「共通のアイデンティティ（文化・歴史）」がイメージできるであろう。これらの定義をもとに，実際に地図をみて，「日本の領土はどこか」マーキングする。必然的に「竹島」「北方四島」「尖閣諸島」等，現在領土問題となっている島については，判断に迷うところである。そこで「なぜこのような領土問題が起こっているのか」「なぜ判断に迷うのか」「なぜ紛争の種となるのか」という課題を設定する。

❷パート2（展開）「竹島問題から考える」

　パート2では領土についての上記の3つの定義から，竹島問題の要因を考える。竹島自体は岩で囲まれた地形で資源としての価値はない。しかしながらその周辺の海域は，「浜田三角」や「大和堆」等豊かな漁場に恵まれている（資源）。竹島問題の解決が進まない現在であっても日韓漁業協定によって，暫定水域が設けられ，暫定水域については自国の船のみ取り締まるという既定のもと両国の操業が行われている。しかしながら韓国と日本の漁法の相違から生じる操業実績の格差に，特に島根県では漁業衰退への危惧が生じ

ている（統治）。さらに「歴史認識問題」も大きな争点となっている。特に韓国においては，「戦前の竹島の日本編入は日韓併合（植民地支配）の一環である」という認識が強い。民族としての共通のアイデンティティが問題解決に対する姿勢を強固にしている。このように領土問題の要因を多面的に考察することがパート２のねらいである。

❸パート３（意思決定）「竹島問題解決の可能性をさぐろう」
　３つの要因から，両国の「譲れない点」「妥協できる点」について分析し，解決策を考え，話し合いを通して，自己の考えを修正，再構成する。

2 授業プランのねらいと概要

　この授業プランのねらいは，領土についての認識をひとつの「事実」としてではなく，「解釈」のひとつであると捉え，他者や自己の領土に対する解釈を分析・吟味し，意思決定を行う点にある。従来の領土学習においては，領土は国民国家の枠組みで捉えられ，領土問題は「国民の問題として意識しなければならないもの」として扱われてきた。しかしながら世界がボーダレス化し，相互依存，国際協調がますます進展する現代社会において，ナショナリズムの視点のみで国際問題を捉えるわけにはいかない。「今後の世界をどのように築いていくのか」というグローバルな視点においても判断をする必要に迫られている。

　本授業プランでは，３つの定義（「資源」「統治」「アイデンティティ」）をもとに，竹島問題を日韓両国の視点から捉える授業過程を取り入れた。獲得した知識をもとに歴史的・政治的文脈における他者の見解に立つことで，互いの主張の要点を整理，吟味し，国際的な視野から解決の方策をさぐることができるようにした。

3 授業プランの工夫点

❶「領土」についての見方・考え方を可視化する

「領土」は一般的に「①領有している土地・資源」「②国家の統治権の及ぶ区域」の意味で捉えられる。それにあわせて，近年ではナショナルアイデンティティの側面から「③共通の文化・歴史を有する区域」と理解されることもある。この３つの概念から，日本の領土を地図にマーキングすることで，領土問題について関心をもち，課題を設定する。

❷複数の視点・立場から「領土問題」を考える

３つの視点（①資源②統治③アイデンティティ）における，日韓双方の立場を分析することで，領土問題の対立点を明らかにする。その際，竹島の写真，日韓漁業協定に基づく暫定水域の地図，日本と韓国の漁法・漁具の比較，明治期の竹島日本編入の過程等の資料を活用することで，具体的に領土問題の要因を捉えることができるようにする。

❸日韓の主張を再構成し，対立点を整理することで，解決を図る

❷で明らかにした両国の竹島領有に関する考えをもとに，意見文を作成する。その中で最も強い要因，及び弱い要因を明らかにし吟味することで，領土問題解決への方策をさぐる。

4 パート１（導入）「領土問題とは何か」

○授業の実際

発問	生徒の予想される発言・意見
1.「領土」という言葉を聞いたことがありますか。	・ある。よく「竹島」や「北方四島」をめぐる領土問題が報道されている。

2．では日本の「領土」はどこでしょう？地図に色を塗りましょう。 ・何を基準に色をつけましたか。「領土」とは何でしょう。	・「竹島」や「尖閣諸島」，「北方四島」は領土に入れていいのかな。 ・日本の土地（資源） ・同じ法律や制度の区域（統治） ・同じ言葉や文化，歴史をもつ人がいるところ（アイデンティティ）
3．この3つの観点から自分の塗った日本の領土をもう一度チェックしてみましょう。	・竹島は韓国が強制占有しているし，北方四島はロシアの人が住んでいるから日本の領土とは言えないのではないのかな。 ・昔から日本人が竹島で漁業をしていたと聞いたことがある。それなら日本の領土ではないのか。 ・尖閣諸島は東京都が所有している土地だから日本の領土と言える。
4．このように領土をめぐる問題を「領土問題」といいます。今，日本にはどんな領土問題がありますか。	・竹島をめぐって韓国と対立している。 ・尖閣諸島をめぐって中国と対立している。 ・北方四島をめぐってロシアと対立している。

> **ポイント**
> 「領土」の定義について共通理解する。まず，日本の領土をチェックし，「なぜそのようにチェックしたのか」考え，話し合うことで，「領土」に対する考え方を可視化する。

5 パート2（展開）「竹島問題から考える」

〇授業の実際

発問	生徒の予想される発言・意見
1．なぜ領土問題は起こるのでしょう。	・どちらの土地かわからないためじゃないのかな。

○3つの観点にそって竹島問題から考えていきましょう。 ・資源としての竹島について考えましょう。 ・統治の面から考えましょう。	【資源としての領土】 ・領土から200カイリの範囲は排他的経済水域であり，水産・鉱物資源，自然エネルギーに対して排他的な権利がある（日本・韓国の認識）。 ・竹島周辺には豊かな漁場がある（日本・韓国の認識）。 【共通の法や制度の及ぶ範囲としての領土】 ・日韓漁業協定による暫定水域を竹島周辺に設定し，日韓両国とも漁業を行っている（日本・韓国の認識）。 ・暫定水域については自国の船のみ取り締まるという取り組みがなされている（日本・韓国の認識）。 ・韓国の違法操業や乱獲が日本の漁業関係者の間で問題になっている（日本の認識）。
・歴史・文化の面から考えましょう。	【歴史・文化・アイデンティティとしての領土】 ・竹島の日本領編入は，日本による植民地化の歴史過程における強制的な編入であった（韓国の認識）。 ・竹島は1905年には，島根県に編入された。1951年のサンフランシスコ平和条約でも北方領土と竹島が日本固有の領土であることは確認されている（日本の認識）。
2．両国が「竹島を領土とする」理由を書いてみましょう。	【日本】竹島周辺は豊かな漁場であるが，今は暫定水域となっているため，韓国側の違法操業や乱獲に日本漁業が打撃を受けている。日本はもともと竹島周辺で漁業を行っていたという史実もあるのだから，竹島は日本の領土とすべきである。 【韓国】竹島は鬱陵島とともに，古くから韓国の領土として認知されていたことは史実からも明らかである。しかしながら，植民地化の過程で日本が強制的に竹島を編入し，不法に占拠した。

> **ポイント**
>
> ・どちらか一方に有利な資料ではなく，「資源」「統治」「歴史（アイデンティティ）」の側面から資料を精選することが重要である。

6 パート3（終末）「竹島問題解決の可能性をさぐろう」

○授業の実際

発問	予想される生徒の発言・意見
1．グループで意見書を発表し合いましょう。その上で，日韓両国の絶対譲れない点・妥協できる点を明らかにしましょう。	例） 【譲れない点】 （日本）暫定水域における韓国の乱獲と違法操業 （韓国）「明治期における竹島の日本編入は日本の植民地化の過程のひとつである」という歴史認識（第二次世界大戦における日本の戦争責任） 【妥協できる点】 （日本）歴史認識についての見直し （韓国）水産資源の持続性を目指した漁業のあり方
2．それぞれの考えについて意見を述べましょう。 3．解決の可能性はどんな方法にあるだろう。	・竹島を韓国の領土として認めれば，韓国はますます日本の漁業海域に侵入し乱獲を繰り返すようになるのではないか。 ・「日本に侵略された民族である」という韓国のアイデンティティ（国民性）が払しょくされない限り解決は難しいのではないか。 ・日韓両国で歴史認識についての共通理解を図る（教科書作成など）（それぞれが考えた意見を発表する）。

7 授業プランのまとめと留意点

　この授業プランのポイントは「領土とは何か」という定義に基づき，領土問題について国際的な視野から分析，吟味する点にある。そのためには，まず共通の「領土」に関わる定義を設定し，そこから問題点を分析し，解決の方策を見出す。未来を担う高校生にこのような姿勢を身に付けてほしいと考える。

（紙田）

STEP3 アクティブ・ラーニングで進める
1 政党を選択する模擬選挙を行う新授業プラン

1 授業プラン―全体の流れ

❶事前学習

　政党の役割や選挙制度（主に比例代表制）について，教科書などを利用して理解させる。その上で，若者の棄権理由を確認し，「政策から投票する意義」を学ばせる。また，多くのメディアを利用するため，メディア・リテラシーの確立も必要となる。

❷政党を選択する模擬選挙（選挙期間外の模擬選挙）

　ここでは，「政党を選択する」＝「どの政党に投票するかの基準づくり」を行う。まず，自分にとって，「重要な政策とは何か」を考察する。その後，自分が選択した「重要な政策」について，各政党のマニフェストを比較し，自分の考えと一番近い政党を選択する。投票すべき政党が決まったら「模擬選挙」を実施する。選挙管理委員会と連携すると，投票用紙，記載台，集計機器などを借りることができる。また，選管の指導で，選挙管理事務を生徒が行うこともできる。投票終了後，開票を行う。

❸学習の振り返り

　校内で行った「模擬選挙」の結果と，実際の選挙結果を比較し，グループで「なぜ差が出たのか」を討論させることによって，「若者向けの政策」と「他の世代向けの政策」があることに気づかせる。また，自分の選択した政党が，マニフェスト通りに行動しているかチェックさせることもできる。

2 授業プランのねらいと概要

　この授業のねらいは，
①若者の棄権理由の一つである「どこに投票したらよいかわからない」に対して，生徒に「投票基準」を与え，投票行動に向かわせる。
②多くのメディアを利用しながら各政党のマニフェストを読み解き，政党間の違いを理解させる。
の2点である。このねらいを達成するために，
①特に「比例代表選挙」について，知識と理解を深める
②自分にとって大事な「投票基準」は何かを考察させる
③各政党のマニフェスト比較などを活用して，自分の考えに合った政党を選択させる
④「投票基準づくり」終了後，選挙管理委員会などと連携した模擬選挙を実施する
⑤自分たちの行った模擬選挙の「選挙結果」と，実際の選挙結果を比較してさらに考察を深める
などを行う。

3 授業プランの工夫点

①実際の学校現場で課題とされている「中立」「教員の発言の範囲」などに配慮して，どの教科や時間でも，教員ならば誰でも実践できる授業プランとなっている。
②実際のマニフェストなどを利用するので，高校生が選挙や政治をより身近に感じることができるとともに，将来の選挙で主体的な選択を行うことができ，さらに，投票行動へとつなげることができる。

4 事前学習の実際とポイント

❶政党の役割や選挙制度を理解させる

 ここで提案する授業プランは,「政党を選択する」=「投票する政党を選ぶ」ものである。また,「選挙期間外の模擬選挙」を想定してある。「選挙期間中の模擬選挙」に関しては,この項目の最後に注意事項をまとめておく。
 上記の前提での授業プランなので,まずはじめに,政党の役割や,主に比例代表制の選挙制度について,教科書や資料集などを利用して理解を深めさせる。その際,小選挙区制度,大選挙区制度を比較させて,それぞれのメリット・デメリットを確認させる。さらに比例代表選挙でも,ドント方式と他の方式の違いなどをまとめさせていく。

❷棄権の理由から「投票基準づくり」の重要性を理解させる

 次の資料は,2015年に宮崎県選挙管理委員会が県内の高校生に,「あなたは次の選挙に行きますか」と質問し,「行かない」「たぶん行かない」と答えた生徒に理由を尋ねたアンケート結果である。この授業プランでは,アンケート結果第4位の「誰に投票するか判断できないから」に対する「投票基準づくり」を,各政党のマニフェストなどから考えていくことを理解させる。「投票先がわからない」ことが「わかる」ようになれば,棄権する理由が一つ減り,投票行動につながることを理解させる。

	選択肢	回答人数	※1 Q20で「行かない」「たぶん行かない」を選択した生徒に占める割合	※2 全生徒に占める割合
1	興味がないから	2,633	41.0%	8.6%
2	めんどくさいから	2,508	39.1%	8.2%
3	誰が当選しても政治は変わらないから	2,264	35.3%	7.4%
7	誰に投票するか判断できないから	2,131	33.2%	7.0%
8	投票したい候補者がいないから	1,354	21.1%	4.4%
6	政治家は信用できないから	1,222	19.0%	4.0%
5	自分に何のメリットもないから	805	12.5%	2.6%
4	自分一人が行かなくても選挙結果に影響はないから	780	12.1%	2.5%
9	その他	592	9.2%	1.9%
	有効回答計	14,289		

※1 Q20で「行かない」または「たぶん行かない」と回答した生徒(6,422人)に占める割合
※2 アンケートに回答した全生徒(30,632人)に占める割合
(出典:「もうすぐ有権者! 高校生3万人アンケート 回答集計結果」
宮崎県選挙管理委員会,2015年)

❸メディア・リテラシーを確立させる

　メディア・リテラシーとは，「メディアが形作る『現実』を批判的（クリティカル）に読み取るとともに，メディアを使って表現していく能力のこと」（菅谷明子『メディア・リテラシー』岩波書店，2000年）とされている。具体的には，新聞，雑誌，テレビ，ラジオ，インターネットなど，我々の日常生活を取り囲む様々な情報メディアを主体的に読み解いて必要な情報を引き出し，その真偽を見抜き，活用する能力を指す。この力がないと多様なメディアから必要な情報を手に入れることができないのである。

ポイント

1. 政党や選挙制度を理解させるとともに，各選挙制度のメリットやデメリットなどを理解させる。
2. 若者の棄権理由を理解し，この授業の目標は，「誰に投票するか判断できない」という棄権理由に対する「投票基準づくり」であることを明確に意識させる。
3. 複数の新聞を比較させるなど，メディア・リテラシーを確立させる。

5　政党を選択する模擬選挙の実際とポイント

❶投票基準づくり

　まず，自分にとって大事な「投票基準」は何かを考えさせる。具体的には，次の手順で使用する「各政党のマニフェスト比較一覧表」から，例えば「経済・財政」「憲法・外交・安保」「くらし・子育て」「復興・原発・防災」「その他」を示し（利用する新聞によっては，政策の枠が異なることもある），自分にとって「大事」だと思う政策を2項目選ばせる。

❷政党の政策比較

　次に，政策比較を行う。まず，前回の選挙の投票日近くの新聞に載ってい

た「各政党のマニフェスト比較一覧表」を配布する。そして、(1)で選んだ自分が大事だと思う政策について各党の主張を読んでいき、「自分の考えに近い主張には『〇』」を、「自分の考えと異なる主張には『×』」をつけさせる。配布した「一覧表」の用語などが、生徒にとって難しいときは、
①事前に教員がわかりやすいように一覧表をリライトして配布する
②生徒が〇×をつけている際に机間巡視を行い、わからない用語を説明する
③コンピュータ室や図書館で授業を行い、わからない用語を調べさせる
などの対応を行うべきだろう。

❸投票先の決定

　政党の政策比較終了後、「『〇』が一番多い政党が、あなたが次回の選挙で投票すべき政党」であることを理解させる。生徒からは、「こんなに簡単に投票先を決めてよいのか？」との質問があると予想されるが、いわゆる「大人」の有権者も、実際の投票では数項目しか比較しないで投票先を決めていることを示し、選挙ビギナーの高校生は２項目でも十分であることを理解させたいと思う。なお、その説明の最後には、「これからさらに勉強して、３項目、４項目と比較する基準を増やしてほしい」こと、「自分が投票した政党が、マニフェスト通りの政治を行おうとしているかをチェックし、次の選挙で、投票基準の参考にすること」などを示していただきたいと思う。

❹模擬選挙実施

　「投票基準づくり」終了後、模擬選挙を実施する。その際、選挙管理委員会と連携すると、投票用紙、記載台、集計機器などを借りることができる。また、選管の指導で、選挙事務を生徒（生徒会にある「選挙管理委員会」の生徒）が行うこともできる。投票事務を生徒が行うことによって、選挙がより身近に感じられる効果がある。投票終了後の開票も生徒に行わせるとよいだろう。
　また、投票を授業時間などに行い、投票率を100％にして「選挙を体験させる」ことを重視するか、昼休みや放課後に投票時間を設け、「自由投票」

を体験させるかは，授業実施者の判断で選択するべきだろう。

6 振り返りの実際とポイント

　自分たちの行った模擬選挙の「選挙結果」と，実際の選挙結果とを比較して考察を深めさせる。具体的には，4人1班のグループで理由を討論させ，「若者向けの政策とそれ以外の世代向けの政策に違いがあり，世代によって投票基準が異なるのではないか」，「各世代のメディア・リテラシーに違いがあるのではないか」，「実際の選挙では『世論』の流れに乗る有権者が多いのではないか」など考察をさせる。その後，各班の考察した内容を発表する時間をとり，内容を共有させていただきたい。

7 授業プランのまとめと留意点

　この授業プランは，若者の棄権理由の一つ「誰に投票するか判断できないから」という棄権理由に対して，「投票基準」をつくり「政策比較」を行わせ，高校生（若者）のもつ「投票のハードル」を下げるものである。その意味で，投票行動を促す「狭義の主権者教育」の授業プランだと言える。
　この授業プランの留意点として，
①各党のマニフェスト比較を実施している際，わからない用語などを生徒間で教え合わせることも効果的だが，ある政党に有利な一方的な説明を行わせないような配慮が必要である。
②振り返りで，模擬選挙と実際の選挙結果の比較を行わせるが，生徒同士で「どこに投票したか」を教え合わせないような配慮が必要である。
③この授業プランは，「選挙期間外の模擬選挙」である。「選挙期間中の模擬選挙」については，公職選挙法上，「人気投票の公表の禁止」「年齢満十八歳未満の者の選挙運動の禁止」「文書図画（マニフェスト）の頒布」などの制限があるため，選挙管理員会と連携を密にとる必要がある。　　　（藤井）

STEP3 アクティブ・ラーニングで進める
2 人を選択する模擬選挙を行う新授業プラン

1 授業プラン―全体の流れ

❶事前学習

　次の二つの事前学習に取り組む。一つは，保護者と生徒自身に地域の課題発見のための意識調査を行い，その集計結果の比較を行い，その相違に気づかせる。このことで，生徒一人ひとりに自分たちの住んでいる地域の課題に対する問題意識を啓発する。二つは，地域の問題点等について保護者等への聞き取り調査を行う。この二つの取り組みで，模擬首長選挙の際の政策立案の根拠とする。

❷政策立案から模擬首長選挙

　地方自治学習の前に，「人権に関する学習」を行い，その学習後の課題を踏まえ，二つの事前学習とあわせて模擬首長選挙における政策立案を行う。選挙公約の作成や模擬的な政党の立党，そのキャッチコピー，選挙公報，選挙ポスターやたすきなどの選挙グッズなどの用意をする。首長候補者の立ち会い演説会を踏まえて，模擬投票を行う。すぐに開票を行い，選挙の結果を示す。

❸学習の振り返り

　模擬投票を振り返り，当選した模擬首長の政策の実現可能性について検討する。

2 授業プランのねらいと概要

　模擬首長選挙を通して，次の4点のねらいの達成を目指す。
・関心・意欲・態度
　地方公共団体の政治に対する関心を高め，その課題を意欲的に追究する。
・思考・判断・表現
　地方自治に関し，多面的・多角的に考察し，民主的な政治のあり方について様々な考え方や立場から公正に判断し，学習した過程などをわかりやすく表現する。
・資料活用の技能
　地方自治に関する様々な資料を収集し，役立つ情報を適切に選択，活用し，まとめる。
・知識・理解
　地方自治の基本的な考え方やそのしくみなどについて理解し，その知識を身に付ける。

　選挙における投票行動は，候補者の属性に依拠する側面があるので，政策本位の選挙とするため，グループでの話し合いの際，最後に候補者を決めさせる指導を行う。

3 授業プランの工夫点

　初めて模擬首長選挙に取り組む際は，あらかじめ身近な地方自治体の首長選挙の選挙公報を用意しておき，参考とさせるとよい（インターネットで「選挙公報画像」で検索し，入手可能である。その際，政治的中立性に十分配慮し，あくまでも参考とさせる）。次年度以降は，前年度以前の先輩の作成した選挙公報や選挙グッズを例示し，参考とさせると「先輩よりもよい政策立案を」と意欲的に学習に取り組ませることができる。

4 事前学習の実際とポイント

○保護者等への地域の課題発見のための意識調査

　保護者等への地域課題発見のための意識調査を，模擬首長選挙実施の1週間以上前に依頼する。その際，模擬首長選挙への協力依頼等も記述し，鏡文をつける。同様の調査を生徒にも行い，その意識の差に着目させるとともに，過去の先輩たちの意識との相違にも着目させ，政策立案の参考資料とさせる。模擬首長選挙に初めて取り組むときは，住んでいる市区町村の「世論調査」を調べて（住んでいる「市区町村名」「世論調査」で検索すると容易に入手することができる），その結果との相違に着目させる。特に，問6の「生活上の困難点や，疑問点，改善点，市区町村への要望や期待することなど」の記入内容は，政策立案の重要な参考となる。

❶意識調査例（保護者等向け）
　市区町村に関する意識調査アンケート

　問1　あなたは，市区町村に住んで何年になりますか。（○は1つ）
　　　…居住期間と意識の相違に着目させる問いである。（選択肢省略）
　問2　あなたのお住まいの地域について，暮らしやすいと感じる点は何
　　　　ですか。次の中から選んでください。（○はいくつでも）
　　　1　公園や緑が多い
　　　2　近所の人間関係がよい
　　　3　文化施設（図書館やホールなど）が利用しやすい
　　　4　子育てや教育の環境が整っている
　　　5　普段の買い物が便利
　　　6　物価が安い
　　　7　体育施設（体育館やプールなど）が利用しやすい

8　通勤や通学などの交通の便がよい
　　9　医者や病院の便がよい
　　10　治安がよい
　　11　その他（　　　　　　　　　　　　）
　　12　特になし
問3…暮らしにくさを問う問いである。問2と逆の選択肢である。（選択肢省略）
問4…暮らしやすさを問う問いである（問いと選択肢省略）。
問5…継続して居住する意思を問う問いである（問いと選択肢省略）。
問6…生活上の困難点や疑問点，改善点，市区町村への要望点や期待点などに関する自由記述の問いである（問いと選択肢省略）。

❷生徒のつくった摸擬政党名とスローガン例

政党名	スローガン
おっとっ党	み　　あ　　く　　ま みんなが，安心して，暮らせる，まち
あげたてポテ党	あたたかく，思いやりのあるまちづくり！
ブドウ党	区民に充実した日々を……。
NIVEA党	NIVEAのように，人の肌の潤いを保つことから，人の命を安全に保つ。
男女平党	男女平等な社会をつくる

5 模擬選挙の実際とポイント

　模擬首長選挙に意欲的に取り組ませるため，次の8点の取り組みを行う。
① 「ひな形」の提示
　選挙公約をつくりやすいよう「ひな形」を提示する。
② 選挙公約用課題の例示
　より多くの住民の支持を得るため，選挙公約用の課題事例を例示する。
③ こだわりのある生徒の発見
　公約の内容については，「地域の問題」に対するこだわりのある生徒を見つけ出し，その他の生徒にアドバイスを行う。
④ 選挙グッズ作成の例示
　選挙準備の際，「スローガン」「政策」「候補者のプロフィール」「演説会用たすき」などのつくり方を例示し，ポスターの書き方のポイントを示す。
⑤ 選挙公報の仕上がり
　よりよい選挙公報（きれいな仕上がり，わかりやすさなど）は，投票行動の要因になりうることに留意させる。
⑥ 財政的な裏づけへの留意
　政策について，財政的裏づけを踏まえさせる。
⑦ 演説内容の十分な検討
　演説内容の十分な検討のため，候補者の政策を記録させ，質問事項等も考えさせる。
⑧ 投票の際の立場の自由度
　投票の際には，自分の班にかかわらず，政策内容検討を踏まえ，住民の一人として支持する候補者に投票させる。その際，理由も明記させる。

　生徒の学習意欲の喚起と政策の実現可能性を高める視点から，できるだけ保護者等に参観してもらい，投票もしてもらうようにする。

6 振り返りの実際とポイント

　学習のまとめとして，次のような事後テストを行い，学習内容の確実な習得の確認をする。
　①地方自治とは，「（　　　　）の手により，（　　　　）のために行われる政治のこと」。②市町村（区）や都道府県のような行政の区域の単位を何といいますか。③都道府県知事や市町村（区）長を何といいますか。④都道府県知事や市町村（区）長はどのように決められますか（以上，一部例）。
　また，自らが政治の主体であること，自らが将来の政治の主権者であることを意識させ，自治意識の基礎として，私たち「個人」が行うべきこと，地方公共団体などの「社会」が取り組まなければならないことについて検討させる。そのため，「住民のための政治，今日から私たちにできること」には，どのようなことがあるのかについて考えさせ，「自分たちの要望を政治上に実現させるためには，どのような取り組みが必要か」についてレポートを作成させる。

7 授業プランのまとめと留意点

　「自治意識の基礎を育てる」ため，模擬首長選挙を行い，自治意識を育成することができたかどうかを次のような問いによって確認する。
　問　あなたの住んでいる市区町村がどのような問題について話し合っているか関心がありますか。次のア～オから1つ選び，記号で答えてください。
　ア　身近な問題なので関心が高く，広報誌などを見たりする。
　イ　なんとなく知ってはいるが，あまり関心はない。
　ウ　どんなことを行っているかは知らないが，知りたいと思う。
　エ　どんなことを行っているかも知らないし，知りたいとも思わない。
　オ　その他

（仲村）

3 STEP3 アクティブ・ラーニングで進める
模擬請願を行う新授業プラン

1 授業プラン―全体の流れ

❶事前学習

「請願」についての事前学習としては，まず，「地方自治は民主主義の学校」（ブライス）であることを確認させる。身近な問題を扱い，また，地方自治に参加することによって民主主義を学ぶことができ，政治に参加する姿勢が育つことを教科書などから理解させる。さらに，地域の課題に関心をもたせること，地域調査の手法を身に付けさせることも必要であろう。

❷請願書の作成

請願書の作成手順は，まず，保護者や地域の方へ「地域の課題や願い」のインタビューを行う。次にその要望などを持ち寄り，4人1班のグループをつくり集約し，各班1つの要望に絞る。その際，話し合いや討論に十分時間をとる。要望が1つに絞られたら，その予算的措置を調べさせる。実際に政策を立案するときは，財源に限りがあることを理解させるためである。その後，実際に請願書を作成する。作成例などは，地方自治体のHPに載っていることも多いので，それらを参考にさせる。また，議員や議会事務局からのアドバイスをもらうこともできる。

❸学習の振り返り

学習の振り返りとして，感想やレポートを作成させ，クラスで読み合いなどを行わせて，経験などを共有させることが考えられる。

2 授業プランのねらいと概要

　この授業のねらいは，
○地域の主役は住民であることを理解させる
○地域の課題や要望をグループでまとめさせる過程で，予算的措置や公益性の高さなどを考える必要があることに気づかせ，さらに，議員や議会事務局と相談することにより，地方政治を身近に感じさせる
の２点にまとめられる。
　このねらいを達成するために，
○保護者や地域の方と一緒に地域の課題を見つける
○要望などは，現実の世界ではトレード・オフを起こすことが多いので，クラスで要望をまとめる際には，予算的措置や優先順位を考えて請願内容を考える。また，請願について，議員や議会事務局と相談する
○議会に請願を行ったときは，議会日程などを調べ，傍聴などを行う
ことが必要になる。

3 授業プランの工夫点

❶保護者や地域の方と一緒に課題を考える
　生徒が保護者や地域の方にインタビューすることで，「大人の視点」から地域の課題を考察させることができる。また，学校以外の視点を取り入れることは，「開かれた学校づくり」に役立つ。

❷政治などを身近に感じさせることができる
　請願を作成する過程で，議員などから意見を聞いたり，地域の政治状況を聞いたりすることによって，地域の課題を積極的に考え，政策化するのは議員や行政だけでなく，市民が行うことだと実感させることができる。

4 事前学習の実際とポイント

❶請願の根拠を理解させる
「地方自治は民主主義の学校」と述べたのはブライスだが，地方自治制度には直接民主制的な制度が多く規定されている。条例の制定・改廃請求や議長・議員の解職請求などの他に，請願活動などにより地域住民も政策立案を行うことができることを，教科書や資料集などを使って理解させる。なお，請願以外にも，「条例による『住民投票』」が各地で行われ，原子力発電所や総合文化会館の建設中止が決まるなど，大きな影響をもっていることも示すとよいだろう。そして，地方政治の主役は地域住民であること，そのためにも政治に関心をもつ必要性を理解させたい。

❷地域の課題に関心をもたせる
社会経験の少ない高校生に，地域や社会の課題に関心をもたせるために，高校生も自分の住んでいる地域の課題などに関心をもつ必要性を理解させる。そのためにも，身の回りから課題等を見つけさせたり，NPOの方から話を聞いたり，地域新聞から話題を見つけさせたりすることも考えられる。

例えば，登校途中や学校生活で課題と思ったことを授業中にあげさせ，「KJ法」で整理することも手法として考えられる。

1．登校途中で困っていること
　①国道から学校への道に，歩道がないので自動車にひかれそうになる。
　②駅前の交差点に信号がない。　など
2．校内で困っていること
　①ウオータークーラーがない。
　②クーラーがない。　など
---

❸討論や地域調査の手法を身に付けさせる

　高校生は，中学校社会科などで地域調査の基礎的な力を身に付けてきているが，再度，地域調査の手法を復習させる。同時に，グループ討論の方法などを日頃から学んでおく必要があるだろう。

> **ポイント**
> 1．現代の高校生は，日常生活の満足度が高い。そのため，政策提案を行うために，日頃から「あれ？　困ったな」とか「おかしいぞ」と感じる力を養う。
> 2．請願活動以外の活動にも必要な，「話し合い」や「討論」に慣れさせておく。

5　請願書作成の実際とポイント

❶インタビューの実施

　まず，保護者や地域の方へ「地域の課題や願い」のインタビューを行う。質問項目をあげておいた方がインタビューしやすいようならば，①教育，②福祉，③ゴミ・環境，④交通，⑤まちづくり，⑥その他の6項目くらいを用意してインタビューに臨むとよいだろう。ただし，すべてに答えてもらう必要はない。また事前に，地域の方たちに「インタビューのお願い」という文書を学校から配付しておくと協力が得られやすいはずである。

❷要望の集約

　保護者や地域の方へインタビューした要望などを持ち寄り，4人1班のグループで集約し，各班1つの要望に絞る。その際，班の中で多様な意見が出るように，また話し合いや討論できちんと合意形成ができるように十分時間をとる必要がある。

❸優先順位や予算的措置を考える

　各班で，要望などが1つに絞られたら，その予算的措置を調べさせる。実際に政策を立案するときは，財源に限りがあり，個人の要望よりも社会全体の利益となることを選択する必要があるためである。また，財源に制限があるということは，「こちらの政策を選択すると，あちらの政策が実現できなくなる」とのトレード・オフの関係があることも理解させたい。財源などについての情報は，各自治体のHPから入手することができるし，各自治体の関係機関に問い合わせることもできる。

❹請願書の作成

　ここでは，実際に請願する手法を示す。予算的措置などが決まったら，班ごとに請願書を作成する。請願書のひな形や記入例は，各自治体のHPにあるので参考にさせる。具体的な記入内容は，請願の趣旨，請願理由，請願項目などである。記入に際しては，誰もが理解できるように具体的で明快な文章を書くように指導する。

❺議員や議会事務局からのアドバイスをもらう

　請願書が採択されやすいようにするために，議員や議会事務局からアドバイスを受けるとよいだろう。議員と直接意見交換を行うことは，地域政治の状況や課題などを知るきっかけとなると同時に，政治への関心を高める効果がある。ただし議員と交流をもつ際は，政治的中立への配慮をお願いしておく必要がある。また，議会事務局からは，請願書の定型の書き方や例示の方法など具体的なアドバイスが期待できる。

❻請願の審議を傍聴する

　請願書を提出したら，提出した請願が議論される予定の委員会の開催日を教えてもらい，審議を傍聴させるとよいだろう。自分たちが提出した請願が，どのような審議過程を経て，どのような理由で「採択」「不採択」となるか

を知り，実際の政治を体感させることができる。ただし，日程などが合わず傍聴に行けなくても，多くの自治体では，ホームページに議会の審議内容がアップされており，自分が提出した請願のキーワードを打ち込めば自動的に検索することができるので，審議の状況を知ることができる。

> **ポイント**
> 1．必要ならば，①教育，②福祉，③ゴミ・環境，④交通，⑤まちづくり，⑥その他など質問項目を用意しておく。
> 2．請願書作成には，優先順位や予算措置などに十分時間をとる。
> 3．議員や議会事務局からアドバイスを受けると完成度が高まる。

6 振り返りの実際とポイント

振り返りについては，感想やまとめレポートを作成させ，それらを読み合ったり発表させたりして，経験などをクラスで共有させることができる。また，インタビューにご協力いただいた方，請願へアドバイスをくださった議員や議会事務局の方へお礼状を出すことも振り返りになる。

7 授業プランのまとめと留意点

提案した模擬請願では，身近な地域の課題に気づかせ，優先順位や予算的措置を考え，議員や議会事務局からアドバイスを受けさせることができ，地域政治への参画を実感することができる。また，実際に議会へ請願しなくとも，プロセスを経験させることによって本当に請願を行ったとき同様の政治参加を体験させることができる。授業実施の留意点としては，議員からのアドバイスを受ける際に「政治的中立」に配慮する点である。全ての会派からのアドバイスを受けたり，議員へ本活動の意義や配慮事項を理解してもらい，投票行動への呼びかけなどが行われないような配慮が必要となる。　　（藤井）

4 STEP3 アクティブ・ラーニングで進める
模擬議会を行う新授業プラン

1 授業プラン―全体の流れ

❶模擬議会

　模擬地方（市区町村）議会を行うため，模擬首長（市区町村長）選挙で選出された首長（市区町村長）の所信表明演説，代表質問，一般質問という模擬地方（市区町村）議会を行い，所信表明演説内容の審議を模擬的に体験させる。その際，生徒の住んでいる地方自治体の地方議会において行われている所信表明演説の内容を例示し，所信表明演説の参考とさせる。同様に，地方議会の流れ等も例示し，一般質問等の参考とさせる。

❷模擬的な条例の制定

　一般質問を終え，首長の主張する政策の実現のための合意を得させ，賛成多数の場合は，模擬的な条例を制定する。環境問題に対する取り組みに関する条例（ポイ捨て防止条例）など比較的取り組みやすい条例の制定に取り組ませる。全て一からの条例の制定の取り組みは難しいので，現在ある条例の改廃に関する模擬的な地方議会で審議を行わせる。

❸学習の振り返り

　合意を得て制定された条例によって，「住民の生活は本当に向上するのか」について検討し，模擬的な地方議会を振り返らせる。また，「政策評価シート」「地方自治学習振り返りシート」を活用し，学習成果の確認をさせる。

2 授業プランのねらいと概要

模擬議会・模擬的な条例の制定を通して,次のねらいの達成を図る。
①地方公共団体の政治に対する関心を高め,課題を意欲的に追究する(関心・意欲・態度)。
②地方公共団体の政治に関し,多面的・多角的に考察し,民主的な政治のあり方について様々な考え方や立場から公正に判断し,その過程や結果を他者にわかりやすく表現する(思考・判断・表現)。
③地方自治に関する様々な資料を収集し,学習に役立つ情報を適切に選択し,活用し,まとめる(資料活用の技能)。
④地方自治の基本的な考え方,地方公共団体の政治のしくみなどについて理解する(知識・理解)。
　模擬区長選挙を行わない場合は,各班を模擬市区町村長班,模擬市区町村議会議長班と模擬市区町村議会議員班に分ける。

3 授業プランの工夫点

　模擬市区町村長班と模擬市区町村議会議長班,模擬市区町村議会議員班に分かれて,それぞれの役割演技を行う。その際,模擬市区町村長班の班員は与党として首長を支え,他の班は野党となる。模擬市区町村議会の準備として模擬市区町村長(班)は,所信表明演説の準備を行う。議長班以外の市区町村議会議員(班)は代表質問・一般質問の準備の確認をする。模擬市区町村議会を,以下の流れで実施する。
①模擬市区町村長が所信表明演説をする。
②議員が代表質問をする。
③市区町村長が回答する。
④議員が一般質問をする。

⑤市区町村長が回答する。
⑥模擬的な条例の制定に関して審議し，議決する。
　次に，制定した条例の評価を行う。
⑦市区町村で実施している市区町村政治への「要望や願い」の世論調査結果を参考資料として，自分たちの作成した条例を評価する。
⑧制定した条例をその政策に反対の立場の人として受け入れることができるのかどうかなどについて検討する。
　この学習を通し，生徒の中にいるオピニオンリーダーや中心的役割を担った生徒の学級内での人物評価が向上する傾向が見られる。このことは，以後の学習活動への動機づけにもなる。

4　事前学習の実際とポイント

　事前に，自分たちが住んでいる地方公共団体（市区町村）と地方議会（市区町村議会）のHPを調べ，所信表明演説と定例議会（代表質問と一般質問）の内容を参考とさせる。

5　模擬議会の実際とポイント

　次の所信表明演説のひな形と模擬議会の流れを活用し，模擬議会を行う。

❶模擬市区町村長所信表明演説ひな形

　「本日，平成○○年○月○日をもって，平成○○年第一回市区町村議会定例会を招集いたしました。開会にあたり，◎◎市区町村政が直面する課題と，次の時代に向けた着実な取り組み，そして，あるべき市区町村政運営について，私の所信の一端を申し述べたいと存じます。」
　次に「一般社会情勢」を述べ，そして，「重要課題とその取り組みについて」具体的に「自分たちの政策の1つ目」以下，2から3の政策を述べる。

さらに,「重点プロジェクトについて」(できれば,他の班の政策の中から1つ)を述べる。
　最後に,「以上,本市区町村が直面する課題について,所信の一端を申し述べました。」「私は,基本構想に掲げる世界に誇れるまち,未来の子どもたちに美しいまちを残すため,来年度を「(自分たちの政策案からスローガンを作成し述べる)」と位置づけ,◎◎市区町村民の信頼と負託に,意欲とスピードと思いやりをもって応え,市区町村政運営にまい進してまいります。より一層の議員各位のご理解,ご協力をお願いするしだいであります。」「なお,本定例会には,平成○○年度当初予算及び平成○○年度補正予算をはじめ,事件案件,条例等の□件を提案いたしております。」「よろしくご審議の程お願い申し上げまして,私の所信表明といたします。」

❷模擬議会の流れ

1) 議長「ただいまから,市区町村議会本会議を開きます。まず,◎◎市区町村長から所信表明演説の申し出がありましたので認めます。◎◎市区町村長,お願いします。」
　　☆　◎◎市区町村長所信表明演説
2)「市区町村長の所信表明演説に,質問はありませんか。X党のY議員から代表質問の申し出がありましたので,認めます。Y議員,お願いします。」
3) Y議員の代表質問→「市区町長の回答をお願いします。」
　　☆　市区町村長の回答〜Y議員代表質問終了〜
4)「続きまして,Z党のW議員から代表質問の申し出がありましたので,認めます。W議員,お願いします。」
5) W議員の代表質問→「市区町村長の回答をお願いします。」
6) 市区町村長の回答〜W議員代表質問終了〜以下,同様に続く。
　　☆　続いて,一般質問。
7)「続きまして,一般質問に移ります。」
　　☆　挙手のあった議員を指名し,質問をしてもらう。

8)「（　　）党（　　）議員。」と呼び，指名する。
9)（　　）党（　　）議員の一般質問→「市区町村長の回答をお願いします。」
10) 市区町村長の回答
　　☆　以下，何度か一般質問を繰り返す。
11)「それでは，市区町村長の所信表明演説内容について，可決承認のための採決に入ります。賛成の方の挙手をお願いいたします。」
　　賛成多数→可決成立　か　反対多数→否決不成立

6 振り返りと実際のポイント

　学習内容として，自分たちが制定した条例を，「政策評価シート」の5項目に関して3段階《○（いいね）△（まあまあかな）×（ちょっと問題だなあ）》で政策を評価する。ただし，△や×の場合は，理由も記入させ，その妥当性を検討する。
①個人の自由の尊重の原理（個人の自由が最大限に尊重されるのか，図られるのかどうかの視点）
②平等（反差別）の原理（すべての人に平等に当てはまるのかどうか，人種，性別，民族，信条などによる差別はないのかの視点）
③公平の原理（便益の公平性＝義務や負担，（便利さ，利益等）の配分が合理的な基準に基づき公平に行われるのかの視点）
④効用の原理（社会構成員（市区町村民のみなさん）の間の満足の総量や平均水準を引き上げる視点）
⑤明確性の原理（誤解を受けるようなことがなく，誰でもわかるように達成させることができるのかの視点）
　次に，「地方自治学習の振り返りシート」を活用し，「住民のための政治はいかにあるべきなのか」の考えを深めるため，学習方法について，次の4点を振り返る。

① 「模擬区議会」「模擬的な条例の制定」の学習の感想を書きましょう。
② 「模擬区議会」と「模擬的な条例の制定」で自分の担当した役割は、どのようなことでしたか。
③ 私たちの住んでいる地域の問題のどのような点について、自らの問題と捉えることができましたか。具体的に答えてください。
④ 将来、あなたが大人(選挙権をもつ18歳)になったとき、政治にどのように関わろうと考えていますか。

7 授業プランのまとめと留意点

「自治意識の基礎を育てる」ため、「住民のための政治、今日から私たちにできることには、どのようなことがあるのか」について考えさせ、学習のまとめとしてレポートを作成させる。

> Aさん 「自分の住む地域で反対だったり、考えたらおかしいと思うようなことが行われるのは嫌なので、ちゃんと話し合ったり、選挙段階で見定めることが大事だと思った。今、国会議員で実力や政策の根拠もなしに当選してしまうのは投票した人も判断が間違っていると思う。大人になったら、しっかりと見定めて投票するべきだと思った。その一方で、自分たちが地方議会をしてみて、具体的な根拠やその政策にかかる最高の利益と最小限の不利益を考え、みんなにとって何が一番いいのか考えた。首長や首相というのは、そういう点で一番考えなければならず、その中で批判があっても決断を下さなければならないので大変なものだなと思った。」
>
> Bくん 「放置自転車問題、大型ショッピングモール誘致問題などの政策について一つ一つ深く考えました。放置自転車問題にいろいろな質問がくると思ったので、その答えも考えました。まとめるとまだまだ明確性がないので、もっともっと考えて、誰もが納得できる政策をつくりたいと思います。私が、社会科でこんなに深く考えることはあまりなかったので、深く考える楽しさと難しさを知りました。」

レポート例(その一部のみ)

(仲村)

STEP3 アクティブ・ラーニングで進める
5 実際の選挙と連動させた活動を行う新授業プラン

1 授業プラン―全体の流れ

❶ "マイ争点"づくり

　争点投票においては，ある政策争点に関する自らの意見と政党の立場を比較して，自らと最も近い立場や方向性の近い政策を公約として掲げている政党に投票を行う。そこで，生徒自らが大切だと考える政策を"マイ争点"として具体的に設定し，模擬選挙において投票を行う際の基準づくりを行う。

❷模擬政党づくりと模擬党首討論会

　"マイ争点"を活用して，考えが近い者同士で模擬政党をつくり，多様な視点から政策を練り上げる。さらに，模擬党首討論会を開催し，質疑応答を通して"マイ争点"以外の政策についても理解を深める。

❸各政党の政策比較

　"マイ争点"を活用して，実際の選挙に立候補している政党の中から，自らと最も近い立場や方向性の近い公約を掲げている政党を見つける。また，投票先の候補となった政党が掲げている"マイ争点"以外の政策も検討し，模擬選挙の際の投票先を決定する。

2　授業プランのねらいと工夫点

　実際の選挙と連動した模擬選挙は，現実の具体的な政治的事象に対して生徒が向き合い，学びを深めていくことのできる優れた学習活動である。特に，実際の選挙と連動させて行うことで，これまで選挙の際に社会的排除の状態に置かれていた高校生を，有権者と同様の文脈に位置づけ包摂することを可能とする。本授業プランでは，実際の選挙を題材とした模擬選挙を行う際に，生徒自らが大切だと思う政策を"マイ争点"として設定し，投票先を選ぶ基準とすることで，"納得感の伴った投票"を可能とする事前学習を提案する。

3　授業プランの工夫点

❶模擬選挙を，習得した知識・技能を活用する"探究的な学びの場"とする

　投票に際して「選択する自信がない」と考えている生徒に対し，投票そのものだけを行うのでは，"納得感の伴った投票"とはならない。高等学校段階での模擬選挙の学習では，習得・活用・探究という一連の学習プロセスを見通した上で，事前の学習を重視し，模擬選挙の投票そのものを，習得した知識・技能を活用して取り組む"探究的な学びの場"として設計することが重要である。

❷争点投票における投票プロセスを「型」とした事前学習を設計する

　投票先を選ぶ方法は様々であるが，学校現場での指導で最適な方法は，政策争点に基づいて投票先を選ぶ「争点投票」である。争点投票では，[1]自分が重視する政策に対して，[2]自分なりの意見をもっており，[3]各政党の政策に対する立場を理解している状態が望まれる。模擬選挙の事前学習においては，上記[1]〜[3]を争点投票における投票プロセスの「型」として，"マイ争点"を投票の基準として設定し，考えを段階的に深めていくことが必要である。

4 "マイ争点"づくりの実際とポイント

❶自分が大切だと思う政策項目の選択
◎自分が重視する政策項目を選ぼう

政策項目	憲法／法律／経済／財政／税・社会保障／外交・安全保障／資源・エネルギー／教育／保育・少子化／雇用・就業／スポーツ／農林水産／防災／女性の活躍／地方自治／その他（　　　　　）

　争点投票において必要となる要素は，自分が重視する政策の選択（1）である。そのために，今回の争点投票において重視する政策項目を生徒に選択させる。政策項目とは，副教材『私たちが拓く日本の未来』(p66)において【法律／経済／財政／社会保障／安全保障・外交／資源・エネルギー／教育文化・スポーツ／農水食】とあげられているような大まかな政治的課題の枠組みである。ここで示す政策項目は，その時々の政治情勢や生徒の興味・関心，学習の度合いに応じて，細分・具体化して示すことも考えられる。実際の選挙にあわせた模擬選挙では，新聞やまとめサイトが作成した各政党の争点一覧表が示されるため，その項目を参考にするとよい。また，それまでの公民科の授業において特定の政策項目に関する学習を行ってきた場合，その政策項目を取り上げることは，知識・技能の活用といった点から有効である。

❷政策項目の具体化
◎政策項目を具体化して，"マイ争点"をつくろう

A 政策項目の具体化	B 政策が必要な理由は？
D 問題点の解決策	C 実施上の問題点は？

次に，争点投票において必要となる要素は，自分が重視する政策に対する自分なりの意見（2）である。そのために，選択した政策項目を具体的な政策に落とし込み，その政策に対する自らの立場やその理由を明らかにする。つまり，生徒自らが大切だと思う具体的な政策を"マイ争点"として設定するのである。さらに，"マイ争点"を多角的・多面的に考察する視点として，その政策を実施する上での問題点や，問題点の解決策についても検討する。この過程を踏まえることで，自分とは違う立場の意見も踏まえた"マイ争点"となる。なお，政策項目を具体化する際には，選挙公報や新聞記事などを参考にして，実社会において行われている議論にそって作成するとよい。また，設定する"マイ争点"の個数は，生徒の学習段階に応じて調整するとよい。

5 模擬政党づくりと模擬党首討論会の実際とポイント

❶模擬政党づくり

◎"マイ争点"を共有し，模擬政党をつくろう

A 具体的政策	① ② ③ ④
B スローガン	
C 政党名	

　"マイ争点"をより多様な視点から深めるとともに，他の政策にも理解を深める目的で「模擬政党づくり」と「模擬党首討論会」を行う。まず，"マイ争点"が近い生徒同士で模擬政党を立ち上げ，それぞれの"マイ争点"について説明をする中で模擬政党の政策をつくりあげる。政策が折り合う模擬政党同士は合併して勢力を拡大することも可能である。そして，「模擬党首

討論会」に向け、模擬政党が打ち出す政策やスローガン、模擬政党名を、実際の選挙におけるポスターや選挙公報を参考にしながら検討する。

❷模擬党首討論会

模擬党首討論会 共通質問項目 （各1分）	①模擬政党名・スローガン・政策について ②その政策を行う理由について ③その政策を行う上での問題点と解決策について

日本記者クラブが国政選挙にあわせて実施している党首討論会の形式を模して、「模擬党首討論会」を開催する。それぞれの模擬政党の党首役の生徒が登壇し、政策を発表する。教員は司会進行役として、各党首に共通質問を行う。学習段階や授業時間数に応じて、各政党で個別質問を考え、党首との質疑応答を行ってもよい。

6 各政党の政策比較の実際とポイント

❶ "マイ争点"に対する各政党の立場調べ

◎マイ争点：【　　　　　　　　　　　　　　　　　　　】			
政党名	(　　　)	(　　　)	(　　　)
"マイ争点"に 対する 政党の立場			

争点投票において必要となる最後の要素は、各政党の政策に対する立場を理解している状態（ 3 ）である。"マイ争点"に対して近い立場や方向性の近い公約を掲げている政党を、新聞やインターネット等を使用して見つけていく。実際の政策と"マイ争点"との間の差異に気づくことが深い学びにつながる。

❷ "マイ争点"以外の政策調べ

	◎政党（　　　）	◎政党（　　　）	◎政党（　　　）
賛成する政策			
反対する政策			
判断つかない政策			

　"マイ争点"と近い立場や方向性の近い公約を掲げている政党を見つけることができたら，その政党の他の政策についても調べ，賛成する政策と反対する政策，判断つかない政策を整理する。これらの活動を通して，模擬投票における最終的な投票先について，"マイ争点"を選択の"根拠"として決定していく。

7　授業プランのまとめと留意点

　本授業プランでは，習得・活用・探究という一連の学習プロセスを見通した上で，事前の学習を重視し，模擬選挙の投票そのものを，習得した知識・技能を活用して取り組む"探究的な学びの場"として設計することを提案してきた。事前の学習において，争点投票における投票プロセスの「型」にそい，投票の基準として設定した"マイ争点"を活用して政策を検討することで，"マイ争点"は投票先を選ぶ"根拠"として機能し，"納得感の伴った投票"を行うことが可能となる。

　もちろん実際の選挙において，有権者は政策争点だけではなく，支持政党や候補者の属性，過去の業績等を総合的に勘案して投票先を決めている。ただし，選挙は，1回かぎりのものではなく，省察の繰り返しを求めるシステムでもある。18歳で最初の選挙を迎え，投票に際して「選択する自信がない」と不安を抱える高校生にとって，"マイ争点"が，その省察の端緒となると考えられる。

（黒崎）

STEP4 社会との連携に基づいて取り組む
1 選挙管理委員会との連携で行う新授業プラン

1 授業プラン―全体の流れ

❶ "共通の体験活動"として位置づけた模擬選挙

事前の学習を踏まえて行う模擬選挙における投票を行う。ここでの模擬選挙の投票は，「どのように投票先を選択するか」を主要な問いとした探究的な学びのゴール地点であると同時に，「どうしたら投票参加を高めることができるか」を主要な問いとした新たな探究的な学びのスタート地点でもある。

❷選挙管理委員会と連携して行う課題設定と課題分析

選挙管理委員会の職員の方をゲストティーチャーとして学校に招き，投票参加を高めるために実際に行っている方策について説明していただく。この講話を通して，「どうしたら投票参加を高めることができるか」という教員が設定した問いを，生徒自身の問いへと転換する。また，合理的選択理論であるライカー・オードシュックモデルを活用し，投票参加を高める方策について分析を行う。

❸選挙管理委員会への政策提言

「投票参加を高めるための政策提言書」を，討論の「型」にそって作成し，選挙管理委員会の職員の方より講評をいただく。この過程が，「どうしたら投票参加を高めることができるか」を主要な問いとした探究的な学びのゴール地点となる。

2 授業プランのねらいと概要

　実際の選挙と連動させた模擬選挙の学習における主要な問いとして「どのように投票先を選択するか」及び「どうしたら投票参加を高められるか」を設定した場合，前者は模擬選挙の事前学習で取り組みたい問いとして（p112～STEP３－５参照），後者は模擬選挙における投票を体験した後の事後学習で取り組みたい問いとして整理できる。「どうしたら投票参加を高められるか」という主要な問いについて検討することは，主権者と政治をつなぐ主要な結節点とも言うべき選挙の意義と低投票率の現状を改めて問い直すことでもあり，将来主権者となる生徒に共通して取り組ませたい課題と言える。本授業プランでは，選挙管理委員会と連携して，投票参加を高めるための政策提言の構想を目指す切実感の伴った模擬選挙の事後学習を提案する。

3 授業プランの工夫点

❶模擬選挙における投票を"共通の体験活動"として位置づける

　教員が設定した主要な問いを，生徒自身の問いへと転換することは，生徒の学びへの"切実感"を高める上で重要である。そのために，模擬選挙における投票を共通の体験活動と位置づけて，その体験を通して「どうしたら投票参加を高められるか」という問いを生徒の内面より引き出すこととする。

❷選挙管理委員会と連携することで"切実感"を高める

　社会課題の解決に向け真摯に取り組む"人"の姿は，生徒の学びへの"切実感"を高めるとともに，実現可能性のある解決策の提案を可能とする。選挙管理委員会は，選挙の管理執行はもちろんのこと，選挙の啓発についても熱心に取り組んでいる。本授業プランでは，課題を設定する場面と解決策について政策提言を行う場面で，選挙管理委員会と連携して授業を行う。

4 "共通の体験活動"としての模擬選挙の実際とポイント

❶模擬選挙

実際の選挙と連動した模擬選挙を実施するにあたって、生徒は事前の学習を踏まえて投票を行う（p112〜STEP3-5参照）。

模擬選挙における投票の"共通の体験活動"を通して、「どうしたら投票参加を高められるか」という主要な問いを生徒の内面より引き出し

たいため、自由投票ではあるものの、なるべく多くの生徒が投票に参加している状態が好ましい。そのため、生徒を募り模擬選挙管理委員会を組織し、選挙啓発用ポスターや放送での呼びかけ等の投票参加に向けた啓発活動を行う。模擬選挙の投票日に参加できない生徒のためには、期日前投票日を設けておく。

また、模擬選挙の投票環境は実際の選挙に近づけ、実際の選挙における有権者と同じ感覚を体験できることが好ましい。そのため、投票箱や記載台等の実物を選挙管理委員会より借用し投票所を設営し、事前に生徒の氏名入りの投票所入場整理券を配布し、昼休みや放課後に投票所を設け、受付で投票用紙を渡す形式をとる。

❷模擬選挙と実際の選挙との投票率比較

模擬選挙における投票が終了した後、開票作業を行い、校内の投票率を算出し、実際の選挙における投票率との比較を行う。模擬選挙管理委員会に投票率を伝える報告書を作成してもらい、生徒に配布するとよい。

5 選挙管理委員会と連携して行う課題設定と課題分析の実際とポイント

❶選挙管理委員会による講話と課題設定

　選挙管理委員会の職員をゲストティーチャーとして学校に招き，選挙の意義や職務に対する想い，投票参加を高めるために実際に行っている方策について講話していただく。講演会を行う際は，模擬選挙管理委員会を経験した生徒が主体となり，パネルディスカッション形式で行ってもよい。この講話を踏まえて，「どうしたら投票参加を高められるか」という問いを生徒の内面より引き出し，解決策を政策提言という形で提案する課題を設定する。

　なお，公職選挙法を改正することにより期日前投票制度の創設やインターネット選挙運動の解禁をはじめとして投票参加を高めることをねらいとした方策はこれまでも数多く行われている。また，選挙管理委員会においても，街頭啓発や出前授業，大学構内における期日前投票所の設置などその自治体に応じた熱意ある取り組みを行っている。

❷投票参加を高める方策の分析

ライカー・オードシュックモデル【$R = P \times B - C + D$】			
R（Reward）…投票参加から得られる効用			
P（Probability）…自分の一票が結果を左右する可能性			
B（Benefit）…各政党・候補者がもたらす効用差			
C（Cost）…投票参加にかかるコスト			
D（Duty）…義務を果たすことにより得られる心理的満足感			
「投票参加を高めるための方策」の分類			
P（Probability）	B（Benefit）	C（Cost）	D（Duty）

アメリカの政治学者ライカーとオードシュックは，有権者が投票に行くか行かないかの選択を，合理的選択理論に基づき【$R = P \times B - C + D$】という式で示した。この式によれば，投票参加から得られる効用を示す【R（Reward）】の値が，プラスとなれば投票参加を行い，ゼロ以下であれば棄権すると予想できる。例えば，期日前投票制度の創設は【C（Cost）】の値を小さくするため，投票率は上がる。また，選挙管理委員会による街頭啓発は【D（Duty）】の値を大きくするため，投票率は上がる。すなわち，このライカー・オードシュックモデルは，投票参加を高める方策を独立変数【P・B・C・D】に分解して検討することができる。そこで，選挙管理委員会の職員の方より伺った投票参加を高めるために実際に行っている方策や生徒自ら調べた方策を，独立変数【P・B・C・D】の該当する項目に分類する。また，校内の模擬選挙と実際の選挙の投票率に違いがあった場合は，独立変数【P・B・C・D】のうち影響を与えた項目について考察を行う。この際，選挙区制度の違いや一票の格差の問題等が【P（Probability）】の値に関係することについて，教員が説明を補うことも考えられる。

6 選挙管理委員会への政策提言の実際とポイント

❶討論の「型」を踏まえた「投票参加を高める政策提言書」の作成

「どうしたら投票参加を高めることができるか」	
【対象とする独立変数】	【P・B・C・D】
①解決案	「　　　　　　　　　　　　」
②解決案の具体的内容	これは， 　　　　　　　　　　　　というものである。
③解決案をすすめる理由	
④予想される反論	⑤反論に対する反駁

「投票参加を高めるための政策提言書」を作成する。ライカー・オードシュックモデルにおける独立変数【P・B・C・D】のうち，対象とする独立変数を明らかにした上で，①解決案，②解決案の具体的内容，③解決案をすすめる理由，④予想される反論，⑤反論に対する反駁を考える。この①〜⑤は，根拠をもって主張し他者を説得する際に必要な観点であり，いわば討論の「型」とも言える。なお，政策提言を考える際には，実際に行われている方策や，校内の模擬選挙と実際の選挙の投票率の違いの原因を踏まえる。また，身の回りの有権者にインタビューを行い，政策提言の参考としてもよい。

❷選挙管理委員会への政策提言

選挙管理委員会の職員の方を再度学校に招き，政策提言を行う。「投票参加を高めるための政策提言書」に対して，専門家の視点から講評をいただく。

7 授業プランのまとめと留意点

本授業プランでは，選挙管理委員会と連携して，投票参加を高めるための政策提言の構想を目指す"切実感"の伴った模擬選挙の事後学習を提案してきた。学校外部の関係機関や関係者と連携して学習活動に取り組むことで，学校の教員だけでは説明しきれない現実の社会的な事象について専門的な知見を伺うことができる。しかしそれ以上に，本授業プランで示した通り，社会課題の解決に向け真摯に取り組む"人"の姿は，生徒の"切実感"を高め，実現可能性のある解決策の提案を可能とする点において非常に有効である。こうした"切実感"は，たとえ今すぐ解決策を実行に移すことは困難であっても，将来主権者として行動することを求められた際の糸口となるだろう。もちろん連携を行う際には，教員は学習活動を構成する責任者としての役割を忘れてはならず，どのタイミングでどのような関わりをしてもらいたいのかについて事前の段階で明確に打ち合わせておくことが大切である。　（黒崎）

2 STEP4 社会との連携に基づいて取り組む
地域社会との連携で行う新授業プラン

1 授業プラン―全体の流れ

❶地域の問題を知り，課題を設定する

　まず，地域の課題解決を追究し，その成果を「模擬議会」で行政に提案するという学習の目的と追究のモデルを提示し，学習への意欲化を図る。続いて，行政（首長もしくは準ずる職員）から地域の現状と課題，模擬議会で提案してほしい内容についての講義を設定し，課題を明確にする。

❷地域社会との連携で課題を追究する

　グループごとに課題を設定し，追究計画を立て，校外での地域貢献活動や地域の方々へのインタビュー等を通して，課題を追究する。同時に，地方自治について見識をもった方々を外部講師に迎え，パネルディスカッションを行い，様々な視点から追究の方向性の妥当性を確認させる。

❸模擬議会

　公民の学習で，政治への参加について学習すると同時に，追究の成果をまとめて，模擬議会での提案の仕方（プレゼン等）を考えさせる。模擬議会では，首長による提案への答弁と学習への評価を行ってもらうと同時に，生徒間でも投票による相互評価を行う（選管から投票用具一式を借用）。

❹学習の振り返り

　学習の成果と残された課題を，各自レポートにまとめる。

2 授業プランのねらいと概要

　地域とともに成長する生徒の育成をキーワードに，地域の抱える課題について教科学習と総合的な学習とで探究することで，地域に対する帰属意識を育て，主権者としての意識を醸成することを目的としている。

　そのため，地域が抱えている課題について，生徒たちが実際に地域に出て，地域の人たちと語り合う中で気づくという学習過程をとる。この学習活動を通して，生徒たち自身が地域にどのように関わることができるか，地域に暮らす人々が「生きがい」をもって生活するとはどういうことなのかを追究し，模擬議会で行政（首長）に具体的な提案を試みる。

3 授業プランの工夫

❶総合的な学習と教科学習との連動

　自分たちが生活する地域の課題を知らなければ，何を提案しても実社会では相手にされないという切実感をもたなければ，自らが関わり現実化を志向する提案にはならないことから，教科学習と総合的な学習を連動させ，学習の場を学校内（教室内）にとどめないという点である。

❷学習は外部機関と協働で

　地域が抱えている課題に真っ向から挑むには，学習計画の立案時から学校と地域との連携が重要となる。そこで，立案時から行政当局・教育委員会・議会等の地域関係者に参画していただき，1年間を通して，どのような学習が可能なのかを検討することが大切である。このような学習では，学習過程で状況に応じて地域の方々に協力を仰ぐという展開になりがちだが，計画当初から地域の方々に入っていただくという地域開放型の授業設計を展開することで，生徒の追究活動で発生するであろう課題（問題）を，事前に把握す

ることが可能になり，能動的な学習展開が可能となる。

4　課題を設定する際のポイント

❶多様な視点をもたせる

　生徒たちは，地域の実状をほとんど意識していない。そこで，日々何気なく生活している地域を知り，どのように自分が関わるかという課題意識をもたせるため，以下の項目について確認することから始めたい。生徒たちは地域のことを意外と知らないことに気づき，地域に出ての追究活動の必然性が生まれてくる。

> 　地名の由来，神社・寺院，総括的な歴史，産業の変遷，集落の成り立ち，自然科学史，災害史，史跡等，石碑等，食生活の歴史，慣習，伝承，まつり，方言，植生分布，生息生物等，地質，土壌，河川，地域にある施設

❷生活する地域の強みと弱みを考える

　課題追究といっても，テーマの絞り込みは，生徒にとっては漠然としていて難しいので，「小さな子どもたちにとって」「小学生にとって」「中学生にとって」「高校生にとって」「若者にとって」「子育て世代の人にとって」「熟年世代の人にとって」「高齢者にとって」と世代ごとに，生徒自身に「地域の強み」と「地域の弱み」について考えさせる。それぞれ世代ごとの強みと弱みを考えることで，自分は「どの世代」の「どの課題」に対して取り組むかが明確になり，能動的な追究へとつながる。

❸行政から話を聞き議論する

　この学習の最大のポイントは，「実社会」との接点を学習に組み込むということだ。そこで，地域を支えていくのはそこに暮らす住民一人ひとりなのだという意識をもたせるために，行政担当者（副市長・副町長等）に行政と

して考えている地域の課題や施策等について説明してもらい，それを受けて，生徒たちが予算などについて質問するなどの議論をする場を設定し，住民の思いを具現化するとはどういうことなのかを学ばせることが重要である。

5 地域社会との連携で追究するポイント

❶テーマを絞り，グループで追究する

各自関心のあることを追究しようといっても，生徒自身でテーマを絞り込むことは難しい。生徒たちの関心と，行政の施策等を考慮して以下のような大テーマを提示し，そこからグループテーマを絞り込ませたい。

【大テーマ例】
・住民が生きがいをもって生活できるまちづくり
・まちの強みにひかれて人々が訪れるまちづくり
・すべての世代が安心して生活できるまちづくり
・まちがもつ自然環境や社会環境を生かしたまちづくり
・『歴史や産業』資源を活用したブランディング戦略

【グループテーマ例】
・高齢者との交流 ・学校の跡地利用 ・農業民泊プラン ・駅弁でPR
・子育てしやすく，住みやすいまち ・里山を利用したイベント
・学校の講堂の積極的社会開放 ・りんごを関東へ売り出そう！　　等

❷様々な立場の人の話を聞き検討する

地域に出て話を聞き，様々な体験活動を行い，実社会を肌で感じ，グループで提案について追究するという時間を総合的な時間や夏休みを活用して確保する。同時に，地域の内外で，地域の活性化に取り組んでいる様々な立場の方を招いてパネルディスカッションを開き，生徒たち自身が追究している方向が正しいかを確認する場も確保する。この時間は，生徒たちにとって課題を解決していくための知恵を得る場であると同時に，ときには地域の方々が気づいていない地域の「よさ」を提案できる場にもなり，学習意欲を高めることにもつながる。

❸教科学習も使ってまとめ

　追究の成果を提案としてまとめる学習と，政治単元の学習とが重なるように進度を調整し，これまでの追究を基に主権者として社会に関わることの意味と政治の学習へと発展させる。実社会を学んだ成果として，自分たちが社会に働きかけなければ社会は変わらないこと，そのためには議会が必要で選挙は重要な意思表示であることを確認する。まとめとしての提案内容は，単に何かをしてほしいといったものではなく，地域調査等をもとに，自分たちがやらなければならないこと，行政にしてもらいたいことといった具体を示しての提案にまとめ上げさせることがポイントである。

6　模擬議会のポイント

❶模擬議会で成果を問う

　学習の成果をどのように評価するかが，大きな課題である。実社会との接点を重視することで，主権者意識を醸成するこの学習では，首長をはじめとする行政関係者や議員の出席のもとで，生徒たちが追究してきた成果を提案する場を設定することがポイントとなる。模擬議会の開催そのものはそれほどハードルは高くないと言えるが，「提案」を実際に自治体の首長が答弁するに値する内容にまで，高めることができるかが大きな課題になる。

❷相手に納得してもらえるプレゼンを考える

　実際に検討してもらえる可能性を高めるためには，地域調査による地域の実態と他地域等での先行事例等の分析を踏まえての提案とプレゼンが重要になる。国語の学習とも連動させて発表原稿やプレゼン資料の作成を行うことがポイントになる。

❸模擬投票を体験する

　提案の評価を，生徒・行政・議会それぞれの立場で出し，評価の違いが生

じた場合，なぜ違いが生じたのかを考えさせることも重要な学習になる。

　行政・議会の担当者の方にはそれぞれの立場で検討して評価を出していただき，生徒による評価は，優秀提案に一票を投じる「模擬投票」で決めることにする。この活動により，政治参加の体験と秘密投票の意義を学ぶことができる。

7 振り返りの実際とポイント

　首長の答弁を受けて，自分たちの提案の到達度を，グループで検討し，各自がレポートにまとめることで，生徒たちは学びを振り返り，学習の達成感を得ることができる。この学習で農家民泊を提案した生徒は，「ひとつの政策を実現するためには，いろいろな段階を踏まなければいけないと感じた。私たちも民泊で町内に来る県外の人たちと交流して盛り上げ，まちの活性化に貢献したい」と感想を記している。

8 授業プランのまとめと留意点

　この授業プランは，教科学習と総合的な学習とを連動させて，模擬議会までに，30時間程度生徒たちにじっくりと地域の課題を追究させ，生徒一人ひとりが地域社会の一員として「何を思い」「何について考え」「何をしたい」を発信できるまでに育てることを目的としている。また，生徒たちが自らの力で新たな価値観や行動を生み出すとともに，自治体の政策決定の過程を理解し，社会の一員としての認識や行動力を高め，まちづくりの一翼を担う人材となって育ってくれることを期待している。

　この学習は，行政や地域住民との連携が密になされないと，展開できない実践プランである。立案にあたっては，前年度から各方面の関係者への相談が必要になる。同時に教科学習との連動という観点から，校内においてもカリキュラム編成等教科間の連携が重要になる。

(小山)

3 STEP4 社会との連携に基づいて取り組む
NPOや大学との連携で行う新授業プラン

1 授業プラン―全体の流れ

❶事前準備

　授業は，グループでの活動が中心になるので事前に5～8名程度のグループをつくっておく。各グループには，グループの話し合いを円滑に進めるためにファシリテーターを1名おく。また，保護者や地域の方に協力を依頼し，各グループに入ってもらう。これは，グループでの話し合いの際に，できるだけ多様な意見が出るようにするためである。可能であれば全体の司会も生徒の代表が務める。全体の司会を務める生徒は，授業の企画にも参加をする。

❷若者の政治参加について考えるワークショップ

　授業は，皆が主体的に話し合いに参加をし，そこから社会に向けた提案をつくり出していくワークショップの形式で進められる。全体司会の生徒が，テーマについての説明をした上で課題を提示する。その後，各グループのファシリテーターを中心にグループワークが進められる。ファシリテーターは，グループの意見がまとまったら発表の準備を進める。発表を通して，各グループの話し合いの成果をクラス全体で共有できるようにする。

❸ワークショップの振り返り

　発表後，各グループで本日のワークショップを振り返る。各自が自分の参加状況や態度を振り返り，満足している点や不十分であった点，グループの話し合いの成果や他のグループの発表に対する感想を互いに語り合う。

2 授業プランのねらいと概要

　本授業は，ワークショップ形式の活動で，高校生が大学生や地域の方々とともに学ぶことを通して，社会の問題に関心をもつとともに主権者としての自覚を育むことをねらいとしている。
　授業は，NPOや大学など学校外の団体との連携に基づいて行われる。実際にNPOのスタッフや大学生が授業に参加し，高校生とともに議論をすることで，高校生は年齢の異なる人々の意見を直接会って聞く機会をもつことができる。また，社会の諸問題について大人がどのように考えており，実際にどのような関わりをもっているかを知ることができる。このことは，自分自身も社会の一員として問題にどのように向き合うべきかを考えるきっかけとなるだろう。

3 授業プランの工夫

❶主体的な取り組みを促すための工夫
　参加者が課題に主体的に取り組むことができるように，ワークショップの成果が社会の中で活用されるようにするための工夫が必要である。例えば，話し合いの成果等を行政機関に実際に提案する等の方法がある。

❷話し合いを活性化するための工夫
　話し合いの際に参加者が自由に意見を言うことができる雰囲気づくりが，この学習の成功の鍵を握っている。恥ずかしがったり，周りに遠慮したりすることなく意見を言うことができる雰囲気をつくり出すことが全体の司会者やファシリテーターの重要な役目となる。

4 事前準備の実際とポイント

　ワークショップ型の学習の成功の鍵は，参加者が課題解決にいかに主体的に取り組むかということにかかっている。そのためには入念な事前準備が必要である。事前準備のポイントは以下の通り。

①学習者が既にもっている知識や経験，興味や関心を把握し，参加する高校生全員が意欲的に取り組むことができるテーマを考える。
②全体司会やグループのファシリテーターを割り当てられた生徒に，その役割の意義を十分に理解させる。

　NPOや大学との連携に基づいて実施するとはいえ，学習の主役は高校生である。NPOのスタッフや大学生は高校生の学習の支援者であり，学習それ自体も高校生が主役となって進められることが望ましい。この実践においては，何度かのワークショップ型の学習に取り組ませる中で，学習に対して特に高い関心をもっており自ら名乗り出た生徒に，司会やファシリテーターを務めてもらった。それらの生徒には学習の企画段階から参加してもらい，どのようなテーマであれば高校生が意欲的に参加をし，やりがいをもって学習に取り組めるかということについて高校生と意見交換をしながら授業計画を立案した。特に，参加する高校生の生活環境を踏まえ，彼らが社会とのつながりを実感できるテーマを選択することが重要である。
　また，司会やファシリテーターの役割として，参加者の意見を引き出し，議論を活性化させることが重要であることや，そのための方法として参加者の発言の機会が均等になるような配慮と時間管理が重要であることを理解させる。ワークショップには，多様な立場，異なる世代の人が参加することが望ましい。保護者や地域の人々に学習への支援を呼びかけ，各グループにそれらの人たちを配置しておくことも学習の準備として重要である。

5 ワークショップの実際とポイント

　紹介する実践は2時間かけて行ったものである。その学習の流れは，以下のようになっている。
①司会者の自己紹介・趣旨説明（5分）
②アイスブレイキング（10分）
③課題の説明・話し合いのルールの説明（20分）
④グループ活動（55分）
⑤全体発表（20分）
⑥ワークショップの振り返り・アンケート記入（10分）

❶司会者の自己紹介・趣旨説明

　今回実践した高等学校では，これまでに何度もワークショップ型の授業を行ってきているので，参加する生徒もその作法に慣れている。しかし，多くの高校生は自分の意見を述べたり，他者と意見を交わしたりする体験をしていない。学習を始めるにあたっては，この場は，ただ一つの正答を理解するためのものではなく，皆で答えを探す場でありその答えは一つではないこと，立場や考え方が異なれば答えが違ってくるので，それらを調整して皆が納得する解決策を見出す必要があることを理解してもらうことが必要である。学習を終えたとき，皆で話し合い解決策を見出すことの楽しさに高校生が気づくことができれば，ワークショップは成功である。

❷アイスブレイキング

　グループワークを開始する前に，メンバー同士で意見を述べやすい雰囲気をつくることが重要である。特に，グループに保護者や地域の方が入っている場合には，高校生とその方々との良好な関係をつくり，活動がスムーズに展開するようにしたい。そのために欠かせない活動が，アイスブレイキング

である。アイスブレイキングについては，書籍やインターネット上のサイトで様々な方法が紹介されているので，是非それらを参照してほしい。アイスブレイキングの内容を検討する際には，後のグループ活動の課題との関連にも配慮する必要があるが，その第一の目的は場の雰囲気づくりであるので，難しくて参加者が発言をためらうようなものにならないようにしたい。

❸課題の説明・話し合いのルールの説明

　課題の説明は，後のグループ活動の時間を十分に確保するためにも簡潔に行いたい。今回紹介する実践におけるグループ活動の課題は以下の通りである。
課題１：「高校生として今の政治にこれが言いたい！」を考えてみよう。
課題２：自分たち（高校生）の訴えを実現する方法を考えよう。
　課題１では，今の社会や政治に対する不満や不信に思っていることを自由にあげてもらう。課題２では，高校生の訴えを他の世代にも知ってもらうための工夫や，それを皆に支持してもらうための方法を考えてもらう。既にある選挙の制度を前提とするのではなく，選挙のしくみそのものを変えるという選択肢もあり得る。
　また，話し合いのルールとして，次の３点を提示した。
１）思いついたら何でも遠慮なく発言しよう。
２）他の人の意見に耳を傾けよう。
３）前向きな意見を述べよう。

❹グループ活動

　グループ活動の間は，基本的にファシリテーターにグループの運営を任せる。全体の司会者は，グループの活動を見守りながら，議論が停滞しているグループには，ファシリテーターを通じて他のグループの議論の動向を伝えるなどの支援を行う。

 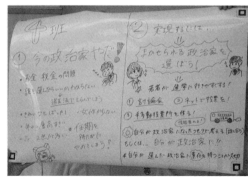

❺**全体発表**

　全体発表の時間は，グループ活動の進み具合によって変化するので，発表の形式についてはいくつかの選択肢を用意しておく。時間があれば１グループずつ発表してもよいが，時間がなければ隣のグループ同士で発表し合うなどの方法も臨機応変に取り入れていく。

❻**ワークショップの振り返り・アンケート記入**

　最後に，ワークショップの感想をメンバー同士で交換し合う時間も十分に確保したい。それが次の学習への意欲を形成する。　　　　　　　　（桑原）

【参考文献】
・中野民夫『ワークショップ―新しい学びと創造の場』岩波書店，2001年。
・苅宿俊文・高木光太郎・佐伯胖編『ワークショップと学び１　まなびを学ぶ』東京大学出版会，2012年。同編『ワークショップと学び２　場づくりとしてのまなび』，同編『ワークショップと学び３　まなびほぐしのデザイン』。

3章

必ず知っておきたい主権者教育実践のためのQ&A

1 題材となる政治的問題を選択する際の留意点は？

1 政治的問題には「対立構造」がある

　現実の政治的問題は，「消費税の増税の是非」も「外国人参政権を認めるか否か」も，賛成・反対両論があり，それぞれにその理由，理由を裏づける根拠がある（p39「議員は『政党の一員』？『国民の代表』？？」に示したトゥールミン図式はそのような「対立構造」を学ぶ上で重要なツールになる）。どちらも「正論」であり，「対論」が間違っているということはない。そういった認識のもとで，政治的問題の「対立構造」を踏まえつつ，目の前の生徒が，その政治的問題について，理性的な議論が行えるか否か，を判断材料として，政治的問題を選択する必要がある。

2 生徒に寄り添った政治的問題の選択を！

　生徒がその政治的問題について，何かしら意見や理由が言えることを大切にしたい。過日，筆者が拝見した授業に「死刑制度の是非」がある。授業に入る前のアンケートには，全ての生徒が意見を書き，理由を述べていた。このように生徒が何かしら意見が言えるテーマを選択したい。また，政治的問題は，その「対立構造」が複雑であったり，問題を考察する上での「論点」が複数あった場合，生徒が見通しをもって考察し，議論することが難しい場合がある。生徒にとって「切実感」がもてない政治的問題だと，生徒は学ぶことを「拒否」してしまう可能性がある。いずれにしても，生徒の実態を踏まえた政治的問題の選択が重要になる。

（橋本）

2 政治的中立性を確保するためのポイントは？

1 教育における政治的中立性への理解を共有する

　教育における政治的中立性の確保は，民主主義社会の主権者としての資質・能力を育成する上で重要である。様々な考え方がある中で，自らの考えを主体的に構築していく権利が主権者にはあるからである。したがって，政治的中立性を確保するための方法としては，社会的な論争問題を教育で扱わないという「政治性の排除」ではなく，論争問題についての多様な思想・考え方に触れた上で，公平・公正に考えることができるように教育プログラムを構成することが求められる。さらには，このような理解を共有可能な状態にしていくことも，政治的中立性確保の重要なポイントとなろう。

2 多様性・公平性の確保─特定の正解ではなく多様な思考を

　政治的中立性の確保において重要となる点は，多様性と公平性の確保であろう。そのためには，学習者が，多様な考え方や意見についてその背景にある確かな事実とともにアクセス可能であるかどうか，できるだけ対等な立場で互いに批判的吟味と意見調整ができる環境にあるかどうかがポイントとなる。このようなことを念頭に，資料の吟味，新聞やネットによる調べ活動，議論などの学習活動，ゲストティーチャーの活用など，様々な学習活動を工夫することが望まれる。最後に，公職選挙法等の法規に抵触しない形で学習活動を組むことはもちろん必要である。教師が関係資料などで把握しておくことが求められる。

(吉村)

3 話し合いの流れが偏ってきた場合の指導のポイントは？

1 話し合いの流れが偏ってきた場合に何をするか

　話し合いの流れの偏りとは，対立する政治的・社会的問題を取り上げているにもかかわらず，十分な調査や議論を行うことなく，クラス内の学習者の多数が，ある一つの見解のみを支持している状況を指す。
　このような状況下では，問題を議論する際に学習者に考えてもらいたい立場のいくつかが消えている。この場合，教師は，問題の構造を確認するとともに他の見解を提示し，話し合いの流れを中立かつ公正なものとしたい。

2 教師が問題に対する見解を提示する際のポイント

　総務省・文部科学省（2015）をもとに，教師が問題に対する見解を提示する際のポイントを整理すると，次の2点にまとめられる。①教員の個人的な主義主張を述べることは，学習者から教師の考えを尋ねられた場合でも避け，中立かつ公正な立場で生徒を指導すること。②教員が提示した見解が多様な見方や考え方の一つであることを生徒に理解させること。
　以上の点に留意するとともに，教師は別の見解を提示することを通して，学習者の問題に対する認識やその判断基準の拡充を図るとともに偏りない思考を促し，学習者が問題に対して公正な判断ができるよう働きかけたい。（釜本）

【参考文献】
・総務省・文部科学省『私たちが拓く日本の未来―有権者として求められる力を身に付けるために―活用のための指導資料』，2015年

4 有権者となった生徒への投票に関する指導の留意点は？

1 自信をもって合法的に選挙権を行使するための指導

　新たに有権者となった生徒への投票に関する指導は，当該の生徒が，自信をもち，かつ合法的に選挙権を行使できるようにするためのものである。この方針に基づいて指導することにまずは留意したい。

　新たに有権者となった生徒が自信をもって選挙権を行使できるようにするためには，①投票の方法を指導すること，②選挙で論点となっている政策についての認識・判断力の深化を図ること，③選挙権を行使することの有用性を実感させること（藤井　2016）の３点に留意した指導を展開したい。生徒が住む地域における現実の政策課題について考え判断する問題を設定した主権者教育は，こうした留意点に基づく指導としても有益と言える。

　また，選挙権の合法的な行使のための指導としては，選挙期間中の選挙運動についての規定（18歳選挙権研究会監修　2015，pp.61-71，pp.116-126）の習熟に留意したい。特に，18歳未満の生徒を選挙運動に参加させることの禁止，戸別訪問・買収，人気投票の公表の禁止，インターネットを利用した選挙運動として許可されている範囲などの認識は確実にしたい。

　さらに，選挙違反は刑事罰を伴う場合もあることの認識や，選挙権の合法的な行使を基礎とした公正な選挙を実現することの意義を指導したい。　（釜本）

【参考文献】
・18歳選挙権研究会監修『18歳選挙権に対応した先生と生徒のための公職選挙法の手引』国政情報センター，2015年
・藤井剛『18歳選挙権に向けて　主権者教育のすすめ』清水書院，2016年

5 クラスに有権者と有権者でない生徒がいる場合の指導のポイントは？

1 満18歳以上の生徒と満18歳未満の生徒が混在するときは

　良識ある公民として必要な政治的教養（教育基本法第14条）を学ぶための日常的な主権者教育では，満18歳以上の生徒と満18歳未満の生徒を区別する必要はない。しかし，現行の公職選挙法は，満18歳未満の者の選挙運動を禁止している。選挙に関わる教育活動を展開するときには，両者の法的な立場の違いに留意が必要である。満18歳以上の生徒は，有権者であり選挙活動も認められている。しかし，満18歳未満の生徒は，有権者でなく選挙活動も禁止されているのである。

　特に，選挙期間中の政策論争学習や模擬投票において，満18歳未満の生徒が支持する政党や特定の候補者への投票を呼びかけた場合，その行為が選挙運動とみなされてしまう可能性もある。教員と生徒が，政治的教養のための教育活動と，選挙運動を明確に区別することが，ともに必要となる。

2 外国籍の生徒がいるときは

　外国籍の生徒は，満18歳以上であっても，日本国内における公職選挙の選挙権を有していない。しかし，政治活動は，選挙だけではない。主権者教育では，言論，出版，請願，デモ，ロビー活動など幅広い政治活動の可能性，日本における外国人の政治活動の実例，外国人の選挙権に関する論争そのものを学習内容として取り上げることも重要である。さらに，外国籍の生徒には，本国における選挙権の有無を調べる活動も有効である。

（中原）

6 高校生の政治活動に関する留意点は？

1 まず生徒自身の安全の確保を

　高校生の政治活動では，まず生徒自身の安全確保が第一である。生徒が，知らず知らずのうちに，暴力的な政治活動や違法な選挙運動に携わらないように，日頃の授業における政治学習や法学習を十分に促すことが必要である。例えば，政治活動と選挙運動の違い，選挙違反にならないための法規の確認，学校の構内と構外における政治活動の違い，SNSを使用した政治活動の意義と留意点，学業と政治活動の両立の方法などを十分に吟味させたい。
　また，クラス活動や生徒会活動を，民主主義を学ぶための入口に位置づけ，学校の構内において安全に政治活動の基礎を学べるように工夫することも重要である。

2 真に生徒自身の主体的な判断に基づく活動を

　高校生が行う政治活動が，政治のしくみや様々な政治的見解の学習を踏まえた，真に生徒自身の主体的な判断に基づく活動となることも重要である。政治的な見解を発達させていく過程にある高校生は，自己の主体的な判断ではなく，知らず知らずのうちに，特定の組織や党派（公的権力を含む）に政治的に利用される可能性も高い。教師は，各種の政治活動の背景にある組織や党派，それらが守りたい利益・価値・イデオロギーなどを，政治的教養としてバランスよく確実に生徒たちに認識させておくことも大切である。(中原)

7 新聞や雑誌の記事を授業で使う場合の留意点は？

1 新聞・雑誌記事活用の歴史を手がかりに留意点を考える

　政治的・社会的問題に関する教育で新聞や雑誌の記事を利用する際の留意点の議論には戦前公民科成立期の1920年代以来の歴史がある。「新聞の提供する知識や情報は、われわれの社会的知見を広くしてくれるが、その真偽をたしかめ、他の知識や情報と広く関連させて考えることが大切である」（井口他　1952, pp.106-107）という重要な留意点も、既に1950年代初めの時点で示されていた。前述の知識や情報を広く関連させる背景としては、次の2点に留意したい。1点目は「新聞紙は、其の経営者の如何に依り、政党的色彩を帯び必らずしも不偏不党のものと云ふべからざる」（木村　1925, p.371）という新聞社ごとの政治的主張の違いである。2点目は「現在の新聞は、商業的企業として成り立っていることが多いので、そのことがいろいろな特質となって現れている」（井口他　1952, p.107）という商業的性格である。

　近年は、新聞や雑誌の記事を授業で使う場合の留意点として、特定の見方や考え方に偏った取扱いとしないことが強調されている。これを前述の歴史的な主張とあわせて考えると次のような示唆が引き出せる。主権者教育で新聞・雑誌記事を使用する際には、学習者が前述の政治・経済的背景を読み解けるようになることと、問題に対する多様な見解の正確な認識とそれを通した公正な判断を促すことが重要となる。

（釜本）

【参考文献】
・井口一郎・勝田守一・重松敬一・小林信郎『新聞学習のプラン』教育弘報社、1952年
・木村正義『公民教育』冨山房、1925年

8 テレビ番組やインターネット上の動画を授業で使う場合の留意点は？

1 テレビ番組やインターネット上の動画の位置づけ

　近年の日本では，テレビ番組やインターネットが，多くの人にとって政治的・社会的問題の重要な情報源になっている。特に，高校生や二十代は，インターネットを発信源とする政治的・社会的問題の情報によく接している。
　このことから，前述の新聞記事や雑誌記事といった読む資料のみならず，テレビ番組やインターネット上の動画などの視る教材も，主権者教育のための重要な情報源と位置づけ，活用を進めていくことに留意すべきである。

2 映像・動画を使用する際の留意点

　実際にテレビ番組やインターネット上の動画を授業で使う場合の留意点は，次の3点にまとめられる。
　1点目は，当該授業のねらいに照らして適切に扱うことである。そのため，ある人物の発言の一部だけを過度に強調したテレビ番組やインターネット上の動画を授業中に視聴させることは好ましくない。
　2点目は，テレビ番組やインターネット上の動画が取り上げた特定の見方や考え方が生徒に強く印象づけられることもある。そのため，必要に応じて他の資料を使用することによって，取り上げた問題に対して様々な見解があることを生徒に理解させることが必要になる。
　3点目は，政治家のメディア戦略の本質を読み解き，学習者が映像メディアをめぐる社会認識を深められるようにすることが重要である。　　（釜本）

9 外部の団体と連携するためにはどうすればよいか？

1 どんな団体が学校現場に協力してくれるのか

　主権者教育を進める上で，外部有識者を導入する，といった教育手法は，これから拡がっていくだろう。なぜなら，既に各種団体（外部有識者）は，教材開発を行ったり，学校現場への「出前授業」をしているからだ。では，どんな団体が，協力してくれるのか。
＊選挙管理委員会（明るい選挙推進協会）　＊消費者センター　＊弁護士会
＊司法書士会　＊行政書士会　＊税理士会　＊社会保険労務士会　他
　主権者教育を幅広く捉えるならば，前述のような団体が協力してくれるだろう。教師がどのような主権者教育を行いたいかによって，連携する団体は自ずと決まってくる。

2 「出前授業」に頼らず，協同での授業づくりを！

　各種団体は，「出前授業」用の教材を持ち合わせている。ただ，目の前の生徒を見て授業を開発しているのではないので，必ずしも，生徒の実態に合った教材とは限らない。そういった場合は，教師が行いたい主権者教育の内容を外部団体に事前に伝え，その内容で，外部団体にどの程度協力してもらえるのか，を確認したい。また，弁護士会については，各地で学校現場の教員との協同研究を行っている（いわゆる，法教育研究会）。そういった研究会に参加してみることも，外部有識者との連携の第一歩になるだろう。

(橋本)

10 議論を活発にするための指導のポイントは？

1 学習者が議論に積極的に加わり聴き合う場をつくる指導

　議論を活発にするための重要なポイントは、「討論に積極的に加わり、また傾聴する態度を高める」（エントウィスル　2010, p.92）ための場をつくることである。その際の指導のポイントとしては、「討論に集中しながらよい雰囲気をつくる」「主体的に考えようとする基盤をつくる」「証拠と論理に挑むが、相手を傷つけるような批判をしない」ことなどがあげられる。
　こうした指導によって、グループとしてのよい雰囲気をつくり上げることで、学習者が意見を表明し合い、他者の見解を聴き合うことを促したい。

2 停滞した議論を立て直すための指導

　クラスに議論しやすい雰囲気をつくっても、議論が停滞することがある。この状態を立て直す主な方法は、次の2点が考えられる（池田・戸田山・近田・中井　2001, p.115：一部表現を改めた）。
①素材として与えた資料のしかるべき個所を、学習者に朗読させる。
②簡単に答えられる質問を発して、それをきっかけにする。具体的には、単純な事実の確認や、「正解」を言わなくてもよい問題などを提示する。（釜本）

【参考文献】
・ノエル・エントウィスル（山口栄一訳）『学生の理解を重視する大学授業』玉川大学出版部, 2010年
・池田輝政・戸田山和久・近田政博・中井俊樹『成長するティップス先生』玉川大学出版部, 2001年

11 模擬投票などの体験的学習の終結部はどうすればよいか？

1 全体でのまとめ：グループごとの所信表明

　体験的学習の終結部は全体でのまとめと個人の振り返りの二者からなる。
　まず、全体でのまとめでは、投票結果とグループでの議論の結果を関わらせ、すべてのグループが、選ばれた政策をどう実現するか、あるいは選ばれた政策にどう対峙するかについて所信を表明し、それぞれの所信をどのように実現するかという方針を明確にしたい。
　このようなまとめの活動を組織することで、体験的学習の終結部が、政策提案能力・政策批判能力の育成を図る場として活用できる。

2 個人の振り返り：自らの判断根拠の提示とその吟味

　模擬投票は、投票という形で判断を示すが、その場で判断の根拠を明確にする必要はない。また、模擬投票における個人の判断は、グループの立場や提案にも拘束されない。そのため、前述のまとめが個人としての判断の根拠の提示や吟味と関わるものとはならないこともある。
　そこで、体験的学習の最後に、新たに得た政治・社会に関する認識の内容や模擬投票時に行った判断、結果を受けての個人としての考察のそれぞれを表現したり記録をとったりするなどといった個人としての振り返りの機会を確保したい。
　なお、体験的学習を選挙期間中に実施する場合は、投開票日以降にまとめやレポートなどによって学習者の意見を表現させることが望ましい。　　（釜本）

12 地域や家庭との連携をどのように築いていくか？

1 地域との連絡を密に

　学校と地域社会との意識のずれを解消する手立てとして，行政・議会・社会福祉協議会・公民館等の地域の組織と連絡を密にとることが重要となる。長野県の下條村の村長が，「学校の先生たちは村の財政についてほとんど知らないが，子供議会に出席する子供たちはみんな村の財政について細かなところまでチェックしている」（Japan Business Press2012.7.21）と語っているが，学習計画を立案するにあたって連絡会を開催して，お互いに情報を交換して意思疎通しておくことが大切である。

2 先生も地域を知ろう

　生徒が主権者として生活している場は，当然学校が存する地域である。地域の実態を踏まえて教育課程を編成するといわれるが，先生方は地域についてどの程度の知識をもち，どの程度地域と関わっているだろうか。主権者教育に限らず，地域素材を教材化し活用するためには，地域がもつ様々な面（内容）を知ることが大切であるし，地域の方々との交流も重要である。人と人とのつながりが，学校と地域との信頼関係を築いていく重要な要素である。可能な限り，時間を割いて，生徒同様「地域調査」を先生方も行い，地域の方々と親しくなることが大切だ。また，家庭に対しては，政治的教養を身に付けるための学習の意義を丁寧に説明することで，学習への協力を得られるように努力することも必要である。

（小山）

【執筆者紹介】（執筆順）

桑原　敏典	岡山大学大学院教育学研究科教授
橋本　康弘	福井大学学術研究院教育・人文社会系部門教授
黒田　和義	岡山県立岡山芳泉高等学校
吉村功太郎	宮崎大学大学院教育学研究科教授
中原　朋生	川崎医療短期大学医療保育科教授
田中　一裕	新潟県立新潟江南高等学校
井上　奈穂	鳴門教育大学大学院学校教育研究科准教授
益井　翔平	滋賀県大津市立日吉中学校
岡田　泰孝	お茶の水女子大学附属小学校
田本　正一	佐賀県佐賀市立高木瀬小学校
紙田　路子	岡山理科大学教育学部初等教育学科専任講師
藤井　　剛	明治大学文学部特任教授
仲村　秀樹	東京都江東区立東陽中学校
黒崎　洋介	神奈川県立湘南台高等学校
小山　茂喜	信州大学教職支援センター教授
釜本　健司	新潟大学人文社会・教育科学系准教授

【編著者紹介】

桑原　敏典（くわばら　としのり）
岡山大学大学院教育学研究科教授。博士（教育学）。専門は社会科教育学。広島大学大学院教育学研究科修了。神奈川県立豊田高等学校教諭，広島大学附属中学校・高等学校教諭を経て岡山大学教育学部助手。講師，助教授を経て，現職。著書に『中等公民的教科目内容編成の研究』風間書房（単著），『中学校新教育課程　社会科の指導計画作成と授業づくり』明治図書（単著），『社会科教育学研究法ハンドブック』明治図書（共編著）など。高校生用主権者教育副教材『私たちが拓く日本の未来』作成協力者。

高校生のための主権者教育実践ハンドブック

2017年4月初版第1刷刊　Ⓒ編著者　桑　原　敏　典
発行者　藤　原　光　政
発行所　明治図書出版株式会社
http://www.meijitosho.co.jp
(企画)茅野　現　(校正)小松由梨香・嵯峨裕子
〒114-0023　東京都北区滝野川7-46-1
振替00160-5-151318　電話03(5907)6701
ご注文窓口　電話03(5907)6668

＊検印省略　　組版所　株式会社アイデスク

本書の無断コピーは，著作権・出版権にふれます。ご注意ください。

Printed in Japan　　　　ISBN978-4-18-247516-0
もれなくクーポンがもらえる！読者アンケートはこちらから →

大好評発売中！

中高生にソーシャルスキルがみるみる身に付く！

中学生・高校生のための
ソーシャルスキルトレーニング

スマホ時代に必要な人間関係の技術

渡辺　弥生・原田恵理子　編著

●Ｂ５判・128頁　本体 2,200 円＋税　図書番号 1866

目次

1章　スマホ時代の子どもたちに育てたいソーシャルスキルとは
2章　これだけは，徹底したいターゲットスキル
1　あいさつのスキル
2　自己紹介のスキル
3　コミュニケーションのスキル
　　：話すスキル
4　コミュニケーションのスキル
　　：聴くスキル
5　感情を理解するスキル
6　感情をコントロールするスキル　など

　ＳＮＳでのトラブルといった事態も昨今は増えてきました。本書では，ＳＮＳのコミュニケーションスキルはもちろん、中高生が日々直面するトラブルや葛藤を解決するための力をつけるプランを数多く紹介。全ての事例，指導案＆ワークシート＆振り返りシート付きでお届け。

明治図書　携帯・スマートフォンからは　明治図書 ONLINE へ　書籍の検索、注文ができます。　▶▶▶
http://www.meijitosho.co.jp　＊併記4桁の図書番号（英数字）でHP、携帯での検索・注文が簡単に行えます。
〒114-0023　東京都北区滝野川7-46-1　ご注文窓口　TEL 03-5907-6668　FAX 050-3156-2790

＊価格は全て本体価表示です。